誰もが認める実力店長シリーズ ③

実力店長の社員トレーニング編

ディー・アイ・コンサルタンツ 編著

はじめに

　店長にはやることがたくさんある。あれもしなければ、これもしなければと考えながらも日々の業務に追われていることもたびたびである。いざ、何か新しいことに挑戦しようと思ったり、もっと今の職場を良くしようと思ったりしても、どうして良いのか分からないことが多いのではないだろうか。

　この本で述べているのは「あるべき論」ではない。店長が「すぐに使え、確実に効果がある」ものばかりである。現場で必要なこと、現場で悩んでいることをすぐに解決できる内容である。目の前のことが1つひとつ解決できなければ大きなことにチャレンジはしにくいだろう。この本を参考にまずは目の前の課題を解決しよう。そのための具体的なやり方がこの本には載っている。

　最初から読んでも良いし、自分の気になるところを読むだけでも構わない。とにかく読み進めていこう。そして、参考になったものはすぐに活用しよう。必ず効果がでるはずだ。

　それでは早速一緒に考えていこう。

【基本的な考え方】

　本シリーズ全巻を通して基本的な考えがある。これだけは押さえておいて欲しい。このシリーズはこの考え方で一貫している。

《店長の仕事》

　「店長の仕事」とは一言でいうと何だろうか。それは、「適正な利益を獲得し続ける」ことである。私たちの仕事は「利益」を獲得することである。それは、なぜだろうか。

　利益を確保することによってお店を存続させることができる。お店が存続

するということは会社が存続することである。また、利益を出すことによって新たに出店でき会社をより大きくすることが可能なのだ。会社が大きくなればそれだけ人を採用することもできるし、私たちの待遇もより良い方向に変えることができるのだ。また、利益を確保することによって税金を納め、税金を通して地域に貢献することができる。ゆえに、私たちの仕事＝責任とは利益を確保することと言える。

　ただし、ここでのポイントは「適正」な「利益」を確保することである。何が何でもムリして利益を出すことが大切なのではない。ムリの無い状態で、言い変えるならば「お客様」「従業員（自分も含めて）」「会社」にムリやメイワクを掛けずに利益を確保することが大切なのである。まずはこれを押さえて欲しい。

《利益のピラミッド》
　店長の仕事＝責任は「適正な利益」を確保することである。では、そのために必要なことは何だろうか。それは「売上」である。売上が横ばいや下がっているなかで利益を出し続けることは難しい。利益を無理なく出し続けるためには「売上」を上げていくことが必要なのである。

　「売上」を上げるためには何が必要だろうか。売上は店舗にお客様がもたらす。一度来られたお客様がまた来てくださることによって売上は維持向上されていくのだ。そのためには初めて来られたお客様にも、また今まで来られていたお客様にも常に満足していただく、最低でも嫌な思いを感じさせないことが大切なのだ。そのために必要なのは「顧客満足」である。

　「顧客満足」を得るためにはどうすればよいのだろうか。あなた一人のお店であれば別に自分ひとりが気をつければ良い。だが、あなたたちは複数の人が集まって仕事をしている。すると時にはお客様に不満を与えてしまうこともあるだろう。それを解消するために必要なのは「教育・訓練」である。一人ひとりトレーニングを行うことである。

　「教育・訓練」で何を教えるのかと言えば「会社の理念（経営理念・企業

図表1　利益のピラミッド®

理念)・店舗方針・お店のスタンダード（当たり前のことを当たり前にする)」である。難しく考えることはない。会社・店舗の考え方を繰り返し伝えるのと、やらなければならないことを教え実行させることである。

「教育・訓練」をする前に大切なのは「人の確保＝採用・定着」である。適正な人数がいなければ教育・訓練もままならないし、顧客満足も得られることはない。最初は「採用」である。

図表1のように「適正人数を確保しやめさせない」。その上で「教育・訓練」し「顧客満足」を得続けるお店にすることで、結果「売上」「利益」を確保することができるのだ。

私たちに求められるのは「利益＝結果」である。結果を出すためには、採用、教育を徹底しておこなうことが大切なのだ。

このシリーズではこの利益のピラミッドに基づいて構成されている。今回は「教育・訓練」に目を向けて進めていこう。特に社員に対する「教育・訓練」を考えていく。

【本書の使い方】

本書は一章ずつ独立している。自分の解決したい箇所だけ読んでもらっても構わない。最初から読み進める必要はない。知りたいこと、解決したい箇所のみ読み進めて欲しい。

ただし、良い結果を出すためには行動することが必要である。一章の中の全てを実行する必要もない。自分が気になったものに取り組んで欲しい。１つひとつ進めることである。
　本書は大きく４つの内容になっている。

《読み物》
　テーマに対して「基本的な考え方」⇒「具体的な進め方」⇒「まとめ」⇒「ポイント」で構成されている。考え方から読み始め、具体的な進め方では気になるところのみ読んでほしい。その際にポイントを押さえることだ。

《ツール》
　テーマに対して効果のでるツールの紹介である。読み物を読んでからツールを活用するとより効果が発揮できる。ただ、このツールのみを活用しても効果があがる。気になったものはどんどん活用していこう。

《行動すること》
　繰り返しだが、行動することで結果がでる。気になったものからぜひ実践して欲しい。図表をふんだんに載せているのでそのまま活用してもらっても構わないし、自分なりのやり方に変えてもらっても構わない。とにかく行動することだ。

《成果を出すために》
　店長育成は店長・店長候補だけに行わせるのではなく、複数名で行って欲しい。店長・店長候補と上司と二人三脚で行うことでより短期での育成が可能となる。
　◇店長を実力店長に育成するなら⇒店長と店長の直属の上司（スーパーバイザー・部長・社長）
　◇店長候補を店長に育成するなら⇒店長候補と店長

と取り組んでもらいたい。
　また、実力店長を育成するために継続して教育・訓練を行うために、
　①　目標設定面談の実施……店長・店長候補と直属の上司と月に１回目標設定と評価を面談を通して行う。
　②　店長会議・ミーティングの活用……会議やミーティング時に時間をとり店長・店長候補の掲げた目標の発表、進捗状況や結果を皆の前で報告する。
　③　自己啓発……本書とともに誰もが認める実力店長シリーズ「パート・アルバイト採用編」「パート・アルバイトトレーニング編」等を参考書にして取り組ませる。
ことを合わせて行ってほしい。

【本書のねらい】

　本書では皆さんと一緒に「実力店長の育成」について考えていく。
　①　社員を短期間で店長に育てる方法
　②　実力店長にレベルアップする方法
　③　社員を戦力化するツール
　④　店長の目標設定
について１つずつ解説していく。
　①〜④までを現状に照らし合わせて、必要なところから見ていってもかまわない。だが最終的には、すべてが連動してはじめて継続して結果が出てくる。そして、本書はピラミッドの土台となる部分だけに、順番はいろいろな所から始めたとしても、ぜひとも最後は全ての項目に取り組んで欲しい。
　社員をトレーニングするにあたって、店長の姿が部下へのモチベーションアップにもダウンにもなりえる。それだけ店長の影響力は大きいのである。
　あなたが仕事を面白くない、たいへんだと思えば、部下もそう思うだろう。反対に仕事が面白い、楽しいと思えば部下もそれに倣うだろう。
　大切なのは、あなたの姿勢、あなた次第であることを覚えておいてほしい。

●目　　次●

はじめに ………………………………………………………………… 1

I　店長の短期育成
〜社員を短期間で店長に育てるために〜

1　店長になるための仕事棚卸 ……………………………………… 12
「店長になるために何が必要かを理解する」

II　店長レベルアップ
〜実力店長になるために〜

2　実力店長育成プログラム ………………………………………… 32

| 実力店長育成プログラム1　「目標管理」 …… 33 |

| 実力店長育成プログラム2　「店舗レベルアップ」 …… 43 |

| 実力店長育成プログラム3　「売上獲得法」 …… 53 |

| 実力店長育成プログラム4　「水光熱管理法」 …… 67 |

| 実力店長育成プログラム5　「安全管理法」 | …… 82 |

| 実力店長育成プログラム6　「クレーム対応法」 | …… 101 |

| 実力店長育成プログラム7　「店舗スタッフ意識向上法」 | …… 122 |

| 実力店長育成プログラム8　「店舗内の仕組化」 | …… 140 |

Ⅲ　社員レベルアップ
〜社員を戦力化するためのツール〜

3　社員を育てるための店舗訪問 …………………………………… 148
　「社員に気付きを促し育成する方法」

| すぐに使える簡単ツール：目標設定シート | …… 156 |

| すぐに使える簡単ツール：自己チェック表 | …… 158 |

| すぐに使える簡単ツール：スタンダード向上カード | …… 161 |

Ⅳ 実力店長の思考と行動
～実力店長が行う方針設定～

 4 実力店長 1 年の計 ……………………………………………… 166
  「年の初めに目標を立て店舗をよりよくする方法」

すぐに使える簡単ツール：年間目標設定シート …… 174

Ⅴ チェックシート ……………………………………………… 177

おわりに ……………………………………………………………… 180

Ⅰ　店長の短期育成

～社員を短期間で店長に育てるために～

Ⅰ　店長の短期育成

1　店長になるための仕事棚卸
　　「店長になるために何が必要かを理解する」

　「うちのお店の2番手は育たない」「なかなか成長しない」という声を聞く。その一方できちんと育てている人がいる。この差はどこにあるのだろうか。

　それは店長になるためには何が必要かを整理しているかどうかの差であると言ってもよいだろう。必要なことが整理されていなければ、何が足りないのかを部下に伝えることができないし、育てることも難しい。部下がダメなのではなく教え方がダメなのだ。

《基本的な考え方》

　「人が育たない」「成長しない」という話をよく聞く。もしあなたが今、店舗でそう感じているならば、その多くは本人まかせにしているためである。あなたはきちんと目標を伝えているだろうか。何が必要かを教えているだろうか。

　育たない、成長しないと言っている人に共通しているのは行動を変えていないことだ。いつまでも同じことを繰り返していて口から出るのはできない理由である。

　最初に「しない」のではなく、「させていないだけだ」ということに気付いて欲しい。あなたが「しない」を口癖にしているならば「しない」を「させていない」に言い換えてみよう。

　「〇〇さんは育たない」「〇〇さんは成長していない」のではなく、「〇〇さんを育てていない」「〇〇さんを成長させていない」と言い換えるだけでも意識は大きく変わってくるはずだ。「相手まかせ」にせずに、まずはあな

図表2　チェックシート：当てはまるものに○をつけてみましょう

店長以外にはできない仕事がある
自分の休みの日は不安にかられる
所詮、部下では責任感がないだろうと思うことがある
お店に対しての想いが強いのは自分だけである
部下に時間帯の責任者をまかせるのは難しいと思う
全て自分でやらなければ気がすまない
仕事は教えるのではなく、自ら学ぶものだと思う
教えてもなかなか育たずにイライラする
店長にならなければ分からないこともたくさんあると思う
できれば力のある人を採用してもらいたい

○が1個でもついたら、社員を育てるのに改善の余地があります。

たが行動しよう。

【店長の意識度チェック】

　まず、あなたが部下についてどう考えているかあなたの意識をチェックしてみよう（図表2）。

　実は、部下が育っていないというのは、あなた自身の思い込みなのだ。あなた自身は今まで、仕事は見て覚えてきたのかもしれない。または、自分から進んで教えてもらってきたのかもしれない。それはあくまであなたのやり方なのだ。いつも同じ方法ではなく、やり方を変えることが必要である。時には部下と向き合って進めていくことも必要なのだ。

【部下に成長してもらうには】

　「そんなことを言っても、手取り足取り教える時間がない」と言われることがある。これは手取り足取りなんでも教えるということではなく、店長になるために何ができて何ができないのか、そして何を学ぶ（教える）のがよいのかを伝えることである。

　多くの場合、具体的に教えていないことが多い。実際、2番手・3番手が

成長していない店長ほど教えていない。

　チェックシート（図表3）をつけて、あなた自身の部下へのトレーニング状況をみていこう。結果はどうだろう。ほとんどの項目は部下に伝え教えることで解決できる内容である。

　つまり、多くの場合、部下に教えて（伝えて）いないことがほとんどである。自分のことは自分で覚えるはずだと思っているからやらせることもないし、教えることもない。部下を成長させるには単純に教え（伝え）ればよいのである。教えることによってできるようになる。

【トレーニングとコミュニケーション】

　あなたは、部下のトレーニングにどれだけの時間を割いているだろうか。目の前の仕事に追われて、ほとんど教えていないというのが現実なのかも知れない。

　長い目で見たときに、教えていくことは大切なことである。最初は多少時間がかかるかもしれないが、教えることによって任せられるようになる。

　ただし、闇雲に教えてもしょうがない。多少時間はかかるが、まずは何を教えるのかを決めなければならない。難しく考えずにあなたが行っている仕事を全て洗い出すことが第一歩である。

図表3　店長と社員との違い

オペレーション（作業）		安全管理	
時間別業務管理		防火対策	
営業中の優先順位付け		防犯対策	
パート・アルバイトのポジショニング		食材の日付管理	
ピーク時の指示とコントロール		店舗鍵の管理	
人件費の管理		パート・アルバイトへの安全教育	
食材のロス管理		地震等緊急時の対処	
水光熱費の管理		ゴキブリ／ねずみ対策	
苦情処理		労災の手続き	
消耗品の管理		金庫ナンバーの定期的変更	

トレーニング		メンテナンス	
店舗レベルの維持向上		元栓・配電盤に対する知識	
パート・アルバイト退職率低減		厨房機器の定期メンテナンス	
マニュアル類の管理活用		電球等の在庫管理	
2番手社員の育成		店舗建物全体のメンテナンス	
パート・アルバイトに対してのトレーニング		冷凍・冷蔵庫温度管理	
パート・アルバイトの身だしなみチェック		空調の管理とメンテナンス	
リクルート業務		ユニフォーム管理	
パート・アルバイトトレーナーの育成		週間清掃スケジュール作り	
パート・アルバイトの時給査定評価面接		厨房機器のトラブル処理	

販売促進		帳票類	
前年売上に勝つ売上の確保		日報の記入	
店内ＰＯＰ管理		月末書類の提出と分析	
店外活動		年間予算の立案と実行	
販促立案と実行		棚卸し	
パート・アルバイトへのお勧め指示		随時発生する報告書記入	
店舗視界性の確保		原価計算	
売り筋の把握		シフト表の作成	
売上動向と商品構成比率の把握		食器等備品の発注	
商品の開発		パート・アルバイト履歴書等の管理	

社員に教えればできる項目すべてに「○」をつけてください。「○」はいくつありましたか？

Ⅰ　店長の短期育成

《具体的な進め方》

　店長とは何だろう。毎日の業務を全てこなせる人、店舗運営する人、そんな風に漠然と考えている人が多いのではないだろうか。

　毎日の業務ができればよいのかもしれない。だがそれでは、店長の仕事とは毎日の業務を行うだけになってしまう。また、店舗運営といっても抽象的で具体的ではない。このシリーズの最初に述べたように店長とは利益のピラミッドを構築できる人である。

【利益のピラミット】

　店長にはすべきことがたくさんある。それを簡単いうと図表４の利益のピラミットを構築することができる人である。最終的に、適正な利益を生み出すことである。利益があるからこそお店は存続し続け、新たな事業活動もできるようになるのだ。また、国に税金を納めることができ、人（労働者）を雇うという社会貢献もできる。加えて、あなたの給与を含めた従業員の待遇面にも大きな影響を与える。適正な利益が出ているということは、それだけお客様に支持され地域にとってなくてはならないお店なのだ。

　では、利益を生み出すためには何が必要なのだろうか。それは、売上である。「利益＝売上－経費」であり、売上がなければ利益は生み出すことができない。売上がゼロならば誰がどんなに頑張ろうとも利益はゼロである。逆

図表４　利益のピラミッド®

に売上が高ければ高いほど利益も高くなる可能性がある。だから、店長として売上を上げなければならない。

　売上を上げるためにはどうすればよいのか。売上は「売上＝客数×客単価」により導き出される。お客様の来店なくして売上は発生しない。売上を上げるためにはお客様に来店していただく、また、一度来られた方に再度利用していただくこと（リピート・リターン）が必要である。

　それでは、お客様に何度も足を運んでもらうには何が必要だろうか。それは、最低でも来られたお客様に不満を感じさせないこと、お店のレベルをお客様の不満に感じられない状態以上に保たれていることである。

　顧客満足を高めるためにはどうすればよいのか。それは良い商品やサービスを提供できる社員およびアルバイトのトレーニングである。

　さらにはトレーニングする対象がいなければならない。そのために、パート・アルバイトを計画的に集め定着させること（スタッフィング）が必要となる。

　必要な人を計画的に採用し、定着させ、採用した人たちにトレーニングを行い、トレーニングされたスタッフで店舗レベルを維持し向上させる。そして、お客様に満足してもらい、お客様が何回も来店され、それが売上となり、結果としてお店や会社に利益がもたらされるのである。その利益がさらに私たちに還元される。この流れを作り出し続けることである。

　このピラミッドはバラバラになっているのではなく、全ての項目が関連し合い、1つの流れとなってはじめて意味をなす。店長の仕事とは利益のピラミッドの流れをつくることである。

　この目的達成のために行う仕事が店長としての7つの項目である。7つの項目を駆使して、利益のピラミッドの流れを作り続けるのだ。

【7つの項目（業務）】

　店長の行うべき全ての仕事は7つの項目に分けられる（図表5）。この7つの項目をバランスよく全てこなしてこそ、真の店長である。

Ⅰ　店長の短期育成

① **オペレーション**：オペレーションとは日々の業務である。売り場作りであり、品質の管理であり、商品化作業である。基本的にはパート・アルバイトの仕事ができることであり、開店、閉店などの一連の作業ができるということである。社員として会社に入った時に一番初めに覚える部分であり、店長業務といえば、多くの人がおおよそこのオペレーションと考えるだろう。比較的早い段階で取り組み、また達成することもたやすい項目である。

② **クレンリネス＆メンテナンス**：お店のクレンリネス（清掃状態）を維持すること、また、使用している機器類のメンテナンスを定期的に行うことは、店舗運営では大切な要素の1つである。日々の清掃や機器類への定期的な手入れ、汚くなる前にまた壊れる前に取り組むことが大切である。また、見落としがちだが水光熱費管理もここに当てはまる。

③ **セキュリティ＆セイフティ**：店舗には危険がたくさん潜んでいる。ひとつは「お客様の安全を確保」しなければならない。次に自分を含めた「全従業員の安全の確保」、最後に「お店の安全」という3つを店長として守らなければならない。問題が起きてしまった時には、すぐに対処できる体制、また二度とそのことが起きない体制を作り出すことが必要である。だが一番大切なことは未然に防ぐということである。風邪を引いたら多くの人は薬を飲んだり、お医者にかかったりするだろう。だが大切なのは、風邪にかかった時の対処法ではなく、風邪にかからないように日々注意することである。お店も全く一緒である。起きてから対処するのではなく、起きないように努めることが大切である。

④ **カスタマーサティスファクション**：お客様の満足度を高めることが大切であることは誰でも知っている。その満足度を高めるためにはお客様の声を聞くことが重要であるが、店舗レベルの基準はお店で活動する人間が決めることが多い。「お客様はこう感じるだろう」「こうすればいいのではないか」と考えることがお店側の部分となってしまい、実際のお

1 店長になるための仕事棚卸

図表5　店長が行う7つの項目

	7つの項目		本書の該当箇所
1	オペレーション（OP）	商品化作業・品質管理・売り場管理	※実力店長のパート・アルバイトトレーニング編参照
2	クレンリネス＆メンテナンス（CM）	清掃・衛生・整備・保守	4：水光熱管理
3	セキュリティ＆セーフティ（SS）	安全管理・防犯・防火管理	5：安全管理
4	カスタマーサティスファクション（CS）	顧客満足を高めるための活動	2：店舗レベルアップ 6：クレーム対応
5	ペーパーワーク（PW）	店舗運営の数値を記入している帳票類管理	
6	トレーニング（TR）	募集活動・面接・採用・オリエンテーション・トレーニング・評価	1：目標管理 7：店舗スタッフ意識向上 8：店舗内の仕組み化 ※実力店長のパート・アルバイト採用編 　実力店長のパート・アルバイトトレーニング編参照
7	セールスビルディング（SB）	店外における営業活動・店舗視界性の確保・店内における活動	3：売上獲得

図表6　7つの項目優先順位

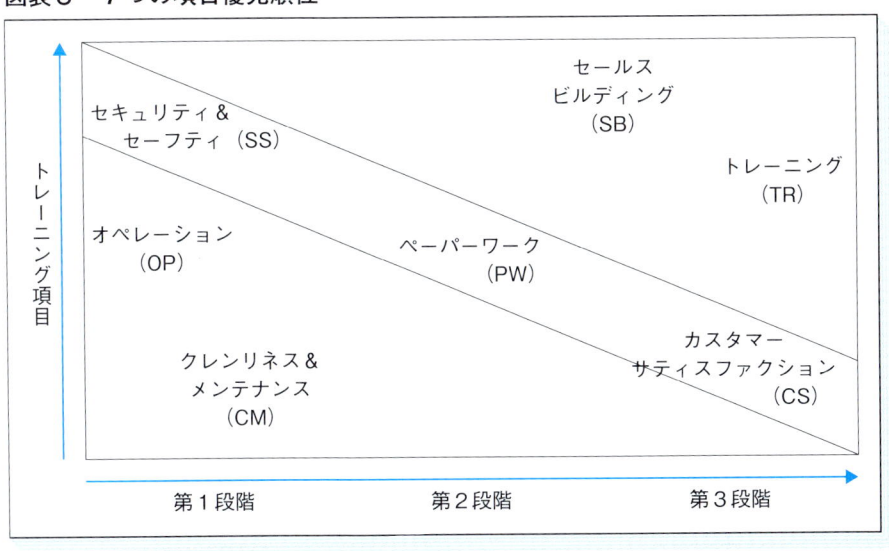

客様との思いとは遠くかけ離れてしまうこともある。店長として、お客様の声に率直に耳を傾けること、また、クレームという形で噴出したお店に対する要望をどれだけ真摯に受け止められるかということも大切である。

　また、お店で働いている従業員の満足度を高めることも大切である。働いている従業員が満足していなければお客様の満足するサービスが提供できない。ここでは、お客様に対する満足度と従業員に対する満足度両方を見ていくことが大切である。

⑤　ペーパーワーク：店舗運営の大切なことの1つは帳票類である。帳票類を活用し、仕組みやルールが運用されているかどうかをみるだけでなく、店舗の日々の数字（事実）をきちんと把握することである。

⑥　トレーニング：店舗のレベルを高めるためにはスタッフ全員が精鋭であることが大切である。また、短い時間で新人をトレーニングし、できるだけ早く、お客様を満足させられるレベルにまで持っていくことも店長の仕事である。またトレーニングに関するものとして、リクルート活動すなわち募集から面接、採用までの一連の作業といったところも非常に大切な項目となる。パート・アルバイトから社員までのトレーニングを行うことが大切な項目の1つとなりうるのである。

⑦　セールスビルディング：店長として、お店でじっとしていても、売上は上がらない、待ちではなく攻める営業も必要である。積極的に売上を外から取りに行くことである。初回客を確保するために、店外でのチラシ配りやポスティング業務、それから店舗の視界性の確保、お店の位置をはっきりと通行人に分かってもらうことが大切である。また、店内活動、店内でのイベントやおすすめなど一度来られた方に再度来店してもらうことにより日々の売上を達成する努力をすることだ。

以上の7つの項目を達成してこそ真の店長と言える。

　新入社員にとって、7つの柱を自分の力で実践していくことは実力店長への近道だが、一度に7項目を覚えられるものではない。

7つの柱（マネージメント）には修得する順番がある（図表6）。第1段階で必要なのは、「オペレーション力」や「クレンリネス＆メンテナンス力」を付けることであり、第2、第3段階へと上がって行く段階で、「セールスビルディング力」や「トレーニング力」を付けていくのが順当である。

　この順番は、職務遂行能力から管理能力の順になっている。ここでポイントなのは、「セキュリティ＆セーフティ力」「ペーパーワーク力」「カスタマーサティスファクション力」においては、どのレベルにおいても学習していくことが必要であり、そのレベルに応じた内容というものがある。

　手順は、
① 付箋紙を用意する（100枚程度）。
② 付箋紙に自分が行っている仕事を1枚につき1項目ずつ細かく書いていく。そして7つの項目に分類する。
③ 1枚ずつ書いた仕事の項目のうち部下ができていない項目があれば〇をつけていく。
④ 〇がついた項目に優先順位をつける（最初に行う＝教えるべきことから順番に並べ替える、図表7）。
⑤ 〇がついている項目のうち現時点で教えていない項目について、いつ、だれが教えるかを決めていく。
⑥ トレーニングの実施。
⑦ 評価する（図表8）。
という手順で実際にやってみる。

　できればそれぞれの項目について簡単な手順書があればよいが、最初は口頭でもよいのでひとつずつ教えていくことである。もしも教える時間がないというのであれば、図表9の4つのポイントだけを押さえてほしい。この4つのポイントを押さえながら仕事をするだけでも大きく変わっていく。

　参考として店長の仕事100項目を載せておく（図表10）。この項目で実際にできていること、できていないことを整理しながら教えていこう。

　もう1つ、仕事を教えるにはトレーニングとともにコミュニケーションが

Ⅰ 店長の短期育成

図表7 実力店長短期育成プログラム 目標設定シート

	店舗名 _____
	氏名 _____
____年____月～____年____月	記入日　年　月　日
	店長 _____

現状の機会点・問題点：

方向性の決定：何に重点を置くか

習得すべき項目

No.	項目	開始日	終了日
		/	/
		/	/
		/	/
		/	/
		/	/
		/	/
		/	/
		/	/
		/	/
		/	/

具体的なアクションプラン

No.	アクションプラン

1　店長になるための仕事棚卸

図表8　実力店長短期育成プログラム　トレーニング評価シート

　　年　月～　年　月

店舗名　　　　　　　　　　
氏名　　　　　　　　　　　

StepNo.	評価		
	本人	店長	SVR
1			
2			
3			
4			
5			
6			
7			
8			
9			
10			
11			
12			
13			
14			
15			
16			
17			
18			
19			
20			
21			
22			
23			
24			
25			
26			
27			
28			
29			
30			

本人コメント

これまでの機会点・問題点
今後の方向性など

本人評価実施日　　年　月～　年　月

本人コメント

これまでの機会点・問題点
今後の方向性など

本人評価実施日　　年　月～　年　月

評価基準

○　100％できる
△　トレーニング中（50％できる）
×　まだ手を着けていない：できない

図表9　トレーニングの4つのポイント

```
通常の業務も少しの変化で
トレーニングにすることができます。
　そのポイントは……

　■意図的・計画的な提示をおこなう
　　…今日は何をするのかを具体的に指示する
　■理由を理解させる
　　…なぜこうするのか等を具体的に理解させる
　■中間フォローアップを実施する
　　…やらせっぱなしにしない
　■評価する
　　…できている点は褒め、できていない点は改善する

この4つを意識するだけでも変わっていきます！
```

大切である。部下に対して教えていくときにはやり方を伝えるのとともに、仕事ができたならば必ずフィードバックをすることだ。よければ褒め、できていなければ再度指導する。トレーニングのポイントはこのフィードバックである。仕事の難易度が高ければ高いほどフィードバックは重要である。フィードバックをしなければ、良い点も課題点も相手に伝わらない。

　もう1つは**普段からコミュニケーションを取っておくこと**だ。普段は話もしてくれない人の指示や命令ほど聞きにくいものはない。トレーニングとコミュニケーション、この2つが部下を短時間で成長させていく鍵になる。

【計画を立て実行する】

　実際のトレーニングは計画を立てて行う。やみくもに実施しても結果は出ない。部下とのミーティング時間をとって、いつまでに何をするのかを明確にしよう（図表11）。そして、毎週ミーティングを開催し、トレーニングの進捗状況をみていく。

　その時に予想以上に進んでいるようであればトレーニング計画を変更する。また、トレーニング状況が遅れているようなら本人と十分に話し合い、

図表10　自己確認表

	第1段階（スタート地点）		
NO	項　　目	区分	OK
1	正しい身だしなみができている	OP	
2	理念（経営理念・企業理念）を正しく理解できている	OP	
3	パート・アルバイトのトレーナークラスでの基本業務ができる	OP	
4	パート・アルバイトのトレーナークラスでの接客ができる	OP	
5	開店・閉店の作業ができる	OP	
6	作業準備が正しくできる	CM	
7	クレンリネスができる	CM	
8	機器類・備品・商品（食材）の定位置管理ができている	CM	
9	器具・備品の簡単な修理ができる	CM	
10	月間の清掃ができる	CM	
11	リクルートに際しエアコン・機器類などの設備関係を改善できる	TR	
12	リクルートに際し、従業員意識・受付・面接書類関係の改善ができる	TR	
13	リクルートに際し、ユニフォーム関係の改善ができる	TR	
14	パート・アルバイトの年間適正在籍人数を計画できる	TR	
15	新人パート・アルバイトのオリエンテーションを実施できる	TR	
16	報告・連絡・相談ができる	PW	
17	検品・検収ができる	PW	
18	日々の発注業務ができる	PW	
19	日々の現金管理ができる	PW	
20	月末棚卸ができる	PW	
21	消火器の使い方を知っている	SS	
22	火災発生時の対処を知っている	SS	
23	緊急連絡先を知っている	SS	
24	店内の危険箇所を発見できる	SS	
25	天災時（地震・台風等）の対処を知っている	SS	
26	チラシの配布を実施できる	SB	
27	ストアーコンパリゾン（他店舗調査）を実施できる	SB	
28	店内コンテストを実施できる	SB	
29	店内外のPOP類の管理ができる	SB	
30	来店頻度を上げる販売促進を企画・実施できる	SB	
31	サービス向上トレーニングを実施できる	CS	
32	クレームの初期対応ができる	CS	
33	商品に関するクレーム対応ができる	CS	
34	損害賠償を伴うクレーム対応ができる	CS	
35	パート・アルバイトにかわってクレーム対処ができる	CS	

※区分は図表5・6参照

Ⅰ　店長の短期育成

NO	項目	区分	OK
	第2段階（まだまだ先は長い）		
36	ピーク時の指示とコントロールができる	OP	
37	時間帯責任者として店舗（会社）のスタンダードを管理できる	OP	
38	アイドル時（閑散時）の指示とポジショニングができる	OP	
39	店舗の商品品質の分析・改善ができる	OP	
40	店舗サービスレベルの分析・改善ができる	OP	
41	客席および外側のクレンリネスができる	CM	
42	クレンリネススケジュール表項目が全てできる	CM	
43	面接ができ、採用基準に沿って採用できる	TR	
44	パート・アルバイトのトレーニングができる	TR	
45	友人紹介制度による募集採用活動を企画実施できる	TR	
46	店頭ポスターによる募集採用活動を企画実施できる	TR	
47	原価率を管理できる	PW	
48	人件費のコントロールができる	PW	
49	損益計算書を作成できる	PW	
50	ロス分析ができる	PW	
51	消耗品の管理ができる	PW	
52	お客様の店内事故に対処できる	SS	
53	救急病院・緊急避難場所を知っている	SS	
54	閉店時の安全管理ができる	SS	
55	危険予知トレーニングができる	SS	
56	不正防止対策ができる	SS	
57	新規顧客開拓の販売促進を企画実施できる	SB	
58	競合店の調査・分析ができる	SB	
59	店舗視界性を改善できる	SB	
60	客単価を上げる販売・促進を企画実施できる	SB	
61	販売促進の企画・立案・資料作りができる	SB	
62	常連のお客様の顔・特徴を覚えている	CS	
63	従業員意識アンケートを実施できる	CS	
64	従業員アンケートを分析できる	CS	
65	店舗活動の年間スケジュールを作成できる	CS	
66	ホスピタリティ向上のための活動ができる	CS	

NO	第3段階（店長まであと少し）		
	項目	区分	OK
67	オペレーションの作業改善ができる	OP	
68	ロスコントロールができる	OP	
69	生産高労働時間を管理できる	OP	
70	非生産高労働時間を管理できる	OP	
71	水光熱費管理ができる	CM	
72	店舗エネルギーツアー（水光熱の状況把握）を実施できる	CM	
73	水光熱費の改善を行うことができる	CM	
74	各設備・厨房機器のトラブル対処ができる	CM	
75	各設備・厨房機器のトラブルを業者に依頼できる	CM	
76	募集採用活動（求人誌）を企画実施できる	TR	
77	パート・アルバイトのカウンセリングができる	TR	
78	パート・アルバイトのトレーニングレベルを把握できる	TR	
79	年間採用コストを計画でき、プラン通りに実行できる	TR	
80	社員ミーティングを開催できる	TR	
81	パート・アルバイトの時間帯責任者を育成できる	TR	
82	社員スケジュールを作成できる	PW	
83	年間売上予算を作成できる	PW	
84	損益計算書分析ができる	PW	
85	損益計算書の計画と実績の管理ができる	PW	
86	タイムマネージメント（時間管理）ができる	PW	
87	備品の管理ができる	SS	
88	防犯対策ができる	SS	
89	防火対策ができる	SS	
90	人・物・金の管理ができる	SS	
91	全従業員に防犯・防火対策を理解させることができる	SS	
92	販売促進の結果分析改善ができる	SB	
93	地域密着活動ができる	SB	
94	店外の販売促進企画ができる	SB	
95	立地の改善から売上増加を計れる	SB	
96	クレーム処理トレーニングができる	CS	
97	顧客アンケートを実施できる	CS	
98	顧客アンケートを分析し店舗改善ができる	CS	
99	店内サービスコンテストを実施できる	CS	
100	お客様とのコミュニケーションを意識してとることができる	CS	

I　店長の短期育成

図表11　トレーニング計画

今月取り組む項目
結果
来月取り組む項目

トレーニング計画を変更する。ただ、やってくれでは意味がない。何をするのかを決めたならばあなた自身が積極的に関わっていくことだ。

　任せることと放置とは違う。あきらめたくなる時もあるかもしれないが、あなたがあきらめたならトレーニングは終わりである。相手の成長を促すためにあきらめず1つひとつ進めていくことである。それが結果として短時間で部下の成長を促すことになる。

　トレーニングはコップの水と同じである。水を入れ続ければいつしか水がコップからあふれ出すように、根気よくトレーニングを続けることで急に伸びる時がくる。それが店長になる、店長としてふさわしい時期である。

【評価する】

　実行したならば毎回評価する。評価しなければ教わる方のモチベーションも上がらないし何をして良いのかもわからない。行ったことに対しての機会点（良い点＝伸ばす点）、課題点と今後どうしていくのかを本人に言わせるようにする。そして、あなたからのフィードバックを行う。フィードバックは機会点と課題点とともに今後の方向性の提案をする。そして、再度今後ど

うするのかを本人に言ってもらう。

あなたが指示や命令してしまうと自分で考えずに、あなたに依存してくるようになる。考えさせて本人に結論を言わせることだ。

《まとめ》

部下が育たないのは本人の資質もあるが、あなたがきちんと教えていないことが多い。部下の何ができていないのか、何ができればよいのかを伝えることである。そのうえで計画を立ててトレーニングをしていく。こうするだけでも大きく変わっていくだろう。

相手任せにすればよいというのではない。だからといって何でも手取り足取り教えればよいというものでもない。目的地といつまでにどうやってということを一緒に考えていくことである。

《ポイント》

1　**店長になるまでの道筋を整理する**
　　実際に何をしてほしいのか、何を教えるのかを明確にしなければ何も始まらない。最初に教えることを整理すること。

2　**客観的にみる**
　　整理したならば実際に何ができて何ができないのかを伝えること。本人に伝えなければまったく意味がない。

3　**計画を立て実行する**
　　いつまでに何を学ぶのかを一緒に計画を立てる。そして、実際に行動に移し、あなた自身が途中で必ず進み具合を確認していく。人を成長させるにはあなたがどれだけ関わるかが大切なポイントである。

Ⅱ　店長レベルアップ

～実力店長になるために～

2　実力店長育成プログラム

　ここからは店長になりたての人や、これから店長を目指す人が行わなければならないことを項目ごとに分けて述べている。

　店長になるには何をすればよいか分からない。店長になったが今までと何が変わったのかが分からないし、どう取り組んでいいか分からない。周りの人や先輩に聞いても、具体的で要領を得た答えが返ってこないと思っている人がいたら、このプログラムに参考にして取り組んで欲しい。

　項目は、店長が学ぶべきことを優先度の高い順に構成してある。1項目ごとに着実に取り組んでいって欲しい。もちろん最終的なゴールは実力店長（＝売上・利益を獲得できる店長）になることである。自分自身でトレーニングを行うことにより、1年後には大きく成長している自分自身に気付くことだろう。

　あるいは、あなたが部下を育てたい時に教えたい項目を選んで教えていってもかまわない。部下を成長させるために活用してほしい。

実力店長育成プログラム1
「目標管理」

《基本的な考え方》

　目標（ゴール）がなければ何をしていいか分からない。毎回明確な目標を設定しよう。ここでのポイントは目標設定を具体的なものとすることである。クレンリネスの徹底などでは具体性に乏しく結果の測定がしにくいし、何をもって達成とするのか、また何を行えばいいのかも分かりづらい。

　例えば図表12のように、具体的な目標がなければ具体的な結果は出てこないし、目標に対する結果が曖昧なものとなり、目標が達成したのかどうかが分かりづらい。きちんとした評価や改善ができなくなる。

　目標設定は1ヶ月を基準として取り組んでもらいたい。1ヶ月という明確な期間があるからこそ、期間内に達成できる具体的かつ明確な目標を設定できる。

《具体的な進め方》
【目標設定】

　最初に目標設定という形で1ヶ月後のゴールを決める。次に、実際にその目標を達成するためにどのように取り組んでいくのかを決める。目標達成のためにあなたは何を行っていくのかをここに記入しよう。

　図表12で言えば、クレンリネススケジュール表による定期的なクレンリネスの実施を達成するための項目が書いてある。ミーティングによるパート・アルバイトに対するクレンリネスの重要性を再認識させ、クレンリネス項目の洗い出しを行う。クレンリネス箇所および頻度の決定、店舗周辺のチェック、スケジュール作成、人数の決定、クレンリネスの実施など、目標を達成するためにどのような方法や手段を実施していくのかを、より具体的に細分化して書こう。

　ここでのポイントは、具体的、達成可能、測定可能かつ現実的な項目を記

Ⅱ　店長レベルアップ

図表12　目標の設定

目標設定用紙

目標　　　　　　　　　　　具体的ですか？　(Yes)／No

クレンリネススケジュール表による定期的なクレンリネスの実現

目標達成項目　　　　　　　現実的ですか？　Yes／(No)

- □ クレンリネススケジュールの再検討
- □ クレンリネス項目の洗い出し
- □ クレンリネス項目の頻度と日数の決定
- □ 全体ミーティングの実施
- □ チェックシステムの作成
- □ ランクによるクレンリネス項目の設定
- □ クレンリネス担当者レベルの決定
- □ クレンリネストレーニングスケジュールの設定
- □ クレンリネスチェック者の設定
- □ クレンリネストレーニングの実施
- □ スケジュールの実施
- □ トレーニング状況の確認
- □ 1週間毎のクレンネス状況の確認
- □ 実施後の問題点の把握および改善
- □ クレンリネススケジュール責任者の任命
- □ 責任者によるスケジュール管理と改善

目標達成によってもたらされる利益

- □ 店内の清掃を定期的におこなうことによるクレンリネスの維持管理
- □ パート・アルバイトのモラル向上（常に清潔にしなければいけないことにより、身だしなみの向上）
- □ お客様に対するイメージアップによる売上向上

目標達成にあたって考えられる障害

- □ 既存パート・アルバイトの反発→ミーティングでのクレンリネスの重要性や必要性の明示
- □ 実施後の継続性の可否→責任の所在の明確化およびチェックシートの作成
- □ 労働時間の増大→一つのクレンリネス作業にかかる時間の短縮による現状の労働時間の維持

入することである。

「目標達成によって得られる利益」

　ここでは、実際に目標を達成したことに対してどのような恩恵が得られるのかを記入してみる。誰しもメリットがないことは持続しづらい。利益が得られないことを続けていくのは難しい。そうなると、時間がたつにつれて取り組みに対するやる気も魅力も失せてしまう。

　ここでは、1ヶ月間の取り組み目標を達成することにより、自分自身にとって、また、お店にとってどんなメリット（利益）が生じるのかを書く。

　ここでのポイントは、メリットがイメージのつきやすいものとすることである。なぜならばメリットが分かりやすければ分かりやすいほど続けていけるものであるからである。

「目標達成にあたって考えられる障害」

　次に、目標を達成するにあたって考えられる障害を書いておく。お店で新しいことを行おうとするときには必ず障害が生じる。ここでは、あらかじめ考えられる障害を列挙し、それに対する方法も記入することによって、障害が発生したときのストレスや無力感を軽減する方法を述べる。

　何も考えていなければ、事が起きた時にもういいやと投げ出してしまうことが考えられる。必ず記入し、目標達成のための意欲をそがれることがないようにしよう。

　ポイントは考えられる障害を全て列挙し、それに対する対応も考えておくことである。

「月間予定」

　次に月間予定表（図表13）を記入してみよう。まず、自分の勤務や、通常行わなければならない業務を書き出してみる。これによって実際に今回の目標を達成するにあたってのスケジュールが日々の業務とバッティングしてし

Ⅱ　店長レベルアップ

図表13　月間予定表

		1	2	3	4	5	6	7	8	9	10	11	12	13	14	15	16	17	18	19	20	21	22	23	24	25	26	27	28	29	30	31	
		月	火	水	木	金	土	日	月	火	水	木	金	土	日	月	火	水	木	金	土	日	月	火	水	木	金	土	日	月	火	水	
行事予定							店長会議						スケジュール発表日						製氷機定期メンテナンス	地区会議								スケジュール発表日					毎月行われる会社やお店の予定および業者の来店等を記入する
定期業務		棚卸報告		翌月分収支表作成		小口現金清算支払状況分析		シートの締切日		作フトスケジュール成											翌月分シフト作成人件費コントロール		シートの締切日	作フトスケジュール成	評価バート・アルバイト	社員評価						月末業務	毎月必ず行わなければならない業務等を記入する
目標スケジュール		トレーニングスケジュール項目の内容確認決定	トレーニングスケジュール項目の書き出し	トレーニングスケジュール項目をまとめる計画	告知ミーティングトレーニングスケジュール表の作成	トレーニングスケジュール表の作成	トレーニングスケジュール表の実施	トレーニングスケジュール表の実施		実行			トレーニングスケジュール実施状況の確認問題点洗い出し	トレーニングスケジュール表の変更	トレーニングスケジュール表の確認および改善				スケジュール表の最終確定	トレーニングスケジュールの責任者を決定シフトに入れる	責任者のトレーニング			全てにおけるトレーニングスケジュール管理の説明				責任者によるトレーニングスケジュール管理				
氏名	河野店長	日	早	遅	早	遅	早	日	休	遅	遅	休	休	早	休	休	早	遅	休	日	早	遅	休	早	早	遅	日	遅	早	早	早	日	今回目標設定用紙で立てたスケジュールを記入する
	稲岡副店長	日	休	早	日	休	早	休	早	休	休	早	日	休	早	早	早	早	早	日	日	休	休	休	休	休	早	早	休	早	日	早	行事予定、定期業務、目標スケジュールを立てた後に社員勤務を決定する
	奥野副店長	遅	遅	遅	遅	遅	遅	遅	遅	遅	遅	遅	遅	遅	遅	遅	遅	早	早	早	早	早	遅	遅	早	休	遅	遅	遅	遅	遅	早	

仕組みづくりによる習慣化

権限委譲とお店全体の共有化

「行動計画」

　目標が決まり、目標を実現するための方法や手段が決まり、利益（メリット）と障害（ストレス）が決まったら、次に具体的に目標達成のためのスケジュールを決めていく（図表14）。目標と結果だけで、その間の過程を無視すれば、結果がでても、それが意味あるものなのかどうかわからない。

　1ヶ月の目標を掲げたとしても、実際にこのスケジュールをきちんと立てなければ、1ヶ月のうち1日だけ行動しただけで終わりになりかねない。極端な話、1ヶ月後の1日前に行って終わるというケースも考えられる。

　スケジュールをきちんと立てないと、今日は忙しいから明日からやろう、次の日も忙しいからとなって結果的に、何もしないまま1ヶ月が終わってしまうことになってしまう。月間予定と照らし合わせて、図表14のように1ヶ月間のスケジュールを立ててみよう。

　ポイントは、実施する日や誰が行うのか（誰に行わせるのか）何をするのかまで記入することである。

「週間予定」

　次に週間予定（図表15）に落とし込む。週間予定表に毎日の取り組み内容を記入していく。

【行動に移す】

　スケジュール表に記入したら実際に取り組んでいく。行動に移す前に日々のワークスケジュールに行う時間も記入しておこう（図表16）。そして、行動したところは必ず週間予定の右端にある確認欄に毎回記入していく。そしてできなかった項目に関しては、さらに週間予定の他の欄に記入していく。

　取り組みはじめは進んで行うが、日数が経つにつれて行動が遅れがちになってしまう。目標を立て、結果が出るまでの1ヶ月間ただ漠然と行うだけ

図表14　行動計画表

目標設定用紙の内容を具体的に行動計画に落とし込む

月間予定表と見比べ、定期業務、行事予定と照らし合わせて実現可能なスケジュール立てを行う

日　次	行　動　計　画
9月1日	ミーティング日の決定
	ミーティングメンバーの決定
	ミーティング内容の作成
	全スタッフクレンリネストレーニングレベルの確認
2日	クレンリネス項目の書き出し
3日	クレンリネス項目のまとめ
4日	ミーティングの実施（項目・回数）
	クレンネススケジュールの作成
	クレンリネススケジュールの実施に対する全スタッフへの告知
5日	クレンリネストレーニング状況のまとめ及びトレーニングスケジュールの作成
6日	トレーニングの実施
7日	クレンリネススケジュール表の実施
	クレンリネススケジュール実施に伴う状況確認
13日	クレンリネススケジュール表、実施状況の確認
	トレーニング状況の確認
	実施後のミーティング
	改善点の立案及びスケジュールの変更
14日	改善後のスケジュール表に基づくクレンリネスの実施
	トレーニングスケジュールの改善
	クレンリネススケジュール表実施に伴う問題点の改善（20日まで）
19日	ミーティングによるスケジュール表の最終確定
20日	トレーニング状況の確認
21日	スケジュール表管理者の任命

図表15　店舗週間予定表

店名：浦和店　氏名　河野

曜日	定期業務と目標スケジュール	担当者	確認
月 1日	棚卸し報告	河野	レ
	ミーティング日時の決定	河野	レ
	ミーティングメンバーの決定	稲岡	レ
	ミーティング内容の決定	河野	レ
	全スタッフのトレーニングレベルの確認	奥野	
	ミーティングの告知	奥野	
火 2日	クレンリネス項目の書き出し（4日まで）	社員全員	
水 3日	翌月分収支表作成	河野	
		稲岡	
木 4日	ミーティングの告知実施	河野	
	ミーティング内容のまとめ	稲岡	
	クレンリネススケジュール表の作成	稲岡	
	クレンリネススケジュールの実施の全スタッフへの告知	奥野	
	クレンリネススケジュール表の作成確認	河野	
金 5日	小口現金清算	稲岡	
	先月分収支状況分析	河野	
	クレンリネストレーニングスケジュール表の作成	稲岡	
	トレーニングスケジュール表の確認	河野	
	上位スタッフへのトレーニングの告知	奥野	
土 6日	トレーニングの実施	トレーナー	
		河野	
日 7日	クレンリネススケジュール表の実施	稲岡	
	クレンリネススケジュールの状況確認	河野	

→ 定期業務を記入する

→ 行動計画の内容をさらに具体的に列挙する

→ 各項目に対する実施者の名前を記入する

→ 各項目が終了したならチェックしOKならばレを記入する
（必ず自分の目で確かめ確認する）

図表16

社員	名前	7	8	9	10	11	12	13	14	15	16	17	18	19
1	河野店長			←	―	―	―	―	―	―	→			
2	稲岡副店長	←	―	―	―	―	―	―	―	→					
3	奥野副店長								←	―	―	―	―	―	→
4														
5														
6														

では、中だるみが起こりやすくなり、最終的には何もできていないということも多い。

　目標設定と結果も大変重要だが、同時にその間の過程を管理することも重要である。できるだけ確認する機会を増やし、目標がきちんと達成できる状態を維持することである。結果は確かに必要だが、そこに達する過程もまた重要である。

　スケジュールを管理することにより、自らのペースをつかみ、きちんとしたスケジュール通りに進んでいるのかを把握することが大切である。達成できなかった箇所については、日をずらすなどして、必ず達成できるようにする。この過程を管理することがこの目標管理の中で実は一番大切なことである。

　また、行動に移すときのポイントしては、組織化することと、権限委譲することである。自分ひとりでしようとしてはならない。お店は一人で成り立っているわけではない。社員、それからパート・アルバイト全員を巻き込んでいくことが大切である。全員で取り組んでいく。

　また、目標を達成するにあたって、自分自身がいなくとも、代わりの人によってきちんと行われるような仕組み作りが必要である。仕組みにすること

で1ヶ月終了したあとも、継続して行われるようになる。そのためにも、自らの権限を移すことのできる社員やパート・アルバイトの育成と維持する仕組みをつくらなければならない。

【評価】

1ヶ月たったらきちんと目標に対する評価を実施してみよう。そして、その結果を朝礼などを通して発表する。1ヶ月の取り組み後、次の点に注意しよう。

① 目標が具体的であったか（途中で何を達成すればよいか分からなくならなかったか）
② 達成項目は現実的であったか（無理な計画ではなかったか）
③ 結果が出たか
④ 継続性があるか
⑤ システム化（習慣化）されているか
⑥ 自店舗に役立つか

やりっぱなしでは時間の無駄となる。必ず評価し、問題点があれば次の目標設定に反映されるようにする。

それではこの目標設定の流れを再度確認してみよう。

① 目標を設定する。
② 目標達成項目を記入する。
③ 目標によって得られる利点を記入する。
④ 目標達成に対する障害を記入する。
⑤ 月間スケジュールを記入する。
⑥ 行動計画を記入する。
⑦ 週間スケジュールに記入する。
⑧ ワークスケジュールに記入する。
⑨ 実施する。
⑩ 1ヶ月後に結果を評価し、改善点は次回の目標設定に生かす。

1ヶ月ごとにこの①～⑩を繰り返す。

《まとめ》

　店長として、これからいろいろと実際に進めていくために必要な目標を立てることを一緒に考えてきた。

　大切なのは、目標を掲げるだけでなく、目標を達成できるようにスケジュールを管理することである。忙しいから、時間がないからというのは、きちんとした計画を立てていないことから起こる言い訳に過ぎない。

　今回の例を参考に自分なりのやり方でも構わない。まずは目標を設定し、達成するためのスケジュールを立てることである。

《ポイント》

1　**目標を設定する**

　店長になるために自分には何が必要かを整理し目標を立てよう。何をするのかを明確にしなければ、結局、日々流されていくだけである。

2　**目標達成のための具体的な計画を立てる**

　目標を掲げたならば達成するために具体的にどういう行動が必要かを考える。ここが具体的であればあるほど達成しやすくなる。できるだけ具体的に目標を立てることである。

3　**あらゆる場面で活用する**

　目標設定はさまざまな場面で活用しよう。未来表を掲げ具体的な計画を立てる。そして実行後は評価することを行っていこう。

※　今回の事例のように「クレンリネス」の目標を立てたならば、一度店舗の「クレンリネス」全体を見直しするとよい。今までのクレンリネスの方法を捨て、新しいものにすることである。同様に立てた目標のテーマを見直す機会にしよう。

実力店長育成プログラム2
「店舗レベルアップ」

《基本的な考え方》

　一軒のレストランがある。あなたは見知らぬ土地のそのレストランに不安を抱きながら昼食を取りに入る。すると予想外にも客席係が「いらっしゃいませ」と元気の良い挨拶。「お好きな席へどうぞ」とにこやかに微笑んでくれる。そして、席に座る。素晴らしい接客。注文をお願いすると丁寧な応対。

　しかし、注文を終えお店をよく見るとあちらこちらが汚れている。気付けばテーブルの上も油でベトベト。トイレに行くといつ掃除したのか分からないような状態。食事を終えて帰ろうとすると同じように素晴らしい接客。あなたならこの店を今後も使うだろうか。また、自分の大切な人を連れて行くだろうか。

　接客の面（サービス）ではあなたの予想以上の応対をされたとしても、清掃の面（クレンリネス）であなたが不満に感じたなら、このお店を利用するのに二の足を踏むだろう。他に清掃もきちんとされているお店があればそちらを使うことになるのではないだろうか。ここでは顧客満足について考えてみよう。まずはあなたができているかどうかをチェックしてみよう（図表17）。

【スタンダード】

　スタンダードとは基本的なこと、当たり前にやるべきことの基準を作るということだ。まずは基本の確認をしよう。基本ができていなければ、その上に何を積み重ねていっても全ては水の泡になってしまう。いくら立派な家を建てようとしても土台がしっかりしていなければ、建物を作り立派な屋根をつけた瞬間に全てが倒れてしまうことにもなりかねない。

　立派な家を建てようとするなら、まず土台をしっかりさせることである。

図表17　チェックシート：当てはまるものに○をつけてみましょう

1	顧客満足というが何をしてよいかわからない	
2	接客の基準がない	
3	清掃の基準がない	
4	商品関係の基準がない	
5	具体的にどう改善するかがわからない	
6	各項目をチェックする基準がない	
7	定期的な店舗チェックができていない	
8	忙しいとつい基準が乱れてしまう	
9	店舗レベルの維持向上のトレーニングをしていない	
10	お客様に喜んでもらうための具体策がない	

※○が１つでもついたなら顧客満足を高めることができます。

店舗の営業も全く一緒である。まずは基本（スタンダード）をしっかりしなければ、その上に何を積み重ねていってもお客様の支持は得られない。

【顧客満足の３段階】

　顧客満足とは誰もが使う言葉である。顧客満足において注意しなければならないことは、お客様に満足してもらうこと。しかし、見落としがちなのが、お客様に不満を感じさせないことである。

　お店で働いているパート・アルバイトのＡ君とＢ君がいたとしよう。Ａ君はお客様に対して非常に素晴らしい接客をしていても、かたやＢ君があいさつをしなかったり、レジ対応が悪かったならばどうだろう。また、お店が汚かったりしたならばどうだろうか。Ａ君がどんなに素晴らしい接客をしていてもお客様は満足しないだろう。

　お客様に満足してもらう、感動してもらう前に不満を感じさせないことが非常に重要なのである。

　顧客満足は３段階ある（図表18）。まず第１には不満を感じさせないこと、第２に満足する、第３に感動するレベルである。この３段階のうち、いきなり満足する、感動するレベルにお店の状態をもっていこうとしても、それは

図表18　顧客満足の３段階

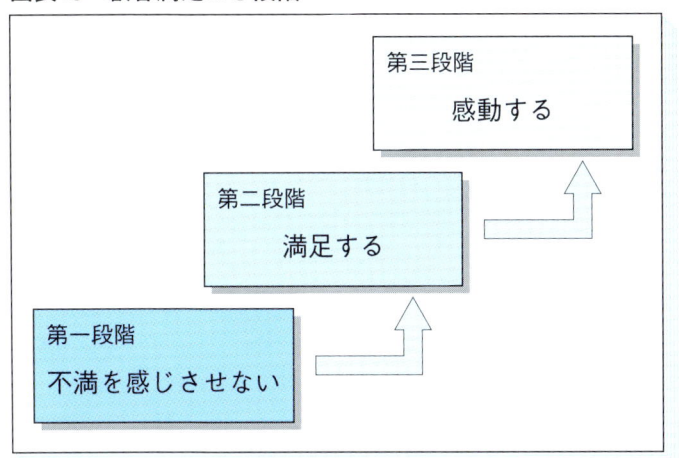

```
第三段階
感動する

第二段階
満足する

第一段階
不満を感じさせない
```

到底無理な話である。１つひとつ積み重ねていくことである。

　顧客満足では、お客様に満足してもらうとともに来店されたお客様すべてに不満に感じさせないことが重要なのだ。なぜならばお店の日々の売上は、お客様が作り出す。お客様にリピートリターンしてもらわなければ、売上を毎日獲得することはできない。店舗や会社を存続させるためには、店舗の売上を継続的に維持向上させる必要がある。そのためにお客様にリピートリターンしていただくことは非常に大切なものだ。

　私達のビジネスはお客様の再来店を基本とした商売である。どんなによい立地に出店しても、お客様に再度来店してもらえなければ成功どころか存続もありえない。このことを頭の中に入れておいてほしい。利益のピラミッドを見てもらえば分かるとおり「顧客満足→不満を感じさせない」ことが売上や利益を作っていく。

【顧客の価値】

　あなたやあなたのお店のパート・アルバイトは何度も足を運んでくださるお客様を軽んじていないだろうか。「一人の顧客の価値」をどう考えている

Ⅱ　店長レベルアップ

図表19　顧客の価値

一人のお客様が週２回、月に８回利用されると……
（客単価500円と仮定して）
500円×８回＝4,000円

年間にすると
　　　48,000円（新規客96人）
５年間利用すると
　　　240,000円（新規客480人）
10年間利用すると
　　　480,000円（新規客960人）

← 一人の顧客を失うとこれだけの新規客を獲得しなければならない。

だろうか（図表19）。一人の顧客を無くし、その代わりの新しい顧客を獲得するためには、その何倍ものコストや労力を費やすこととなる。一人のお客様を大切にするのと、多くの新規客を開拓しつづけること、あなたならどちらを選ぶだろうか。

　新規客を常に開拓しつづけることははっきり言って難しい。新規客を獲得することも大切だが、それ以上に目の前の何度も来て下さる顧客を失ってはいけない。そのためにもお客様に満足してもらうこととともに不満に感じさせない必要があるのだ。

　では不満を感じさせないためにはどうすればいいのだろうか。それには基本の徹底が欠かせないのだ。お店や会社の基準を作り、基準通りに守られているかどうかをきちんと確認し、実行させることが店長であるあなたの仕事なのだ。

《具体的な進め方》

【スタンダードのポイント】

　ただやみくもに「スタンダードの維持向上」と声高に叫ぶのではなく、目に見える形で管理することが大切である。スタンダードを１つずつ見ていく前に大前提が存在する。それは感覚で物事を決めてしまってはいけないとい

うことである。

　ポイントは、①基準を明確にする、②できるだけ数値化する、③結果を記録する、④数値化が難しければ、スケジュールを立てそれを管理する、⑤誰もが自然とできる仕組み作りをする（習慣化する）。必ず確認できる仕組みにすることである。

　基準を明確にして、できているかどうか誰もが目に見える形、基準を具体的に分かる形にしなければいけない。そうしないと１つの項目を判定するのに、人によってはＯＫ、他の人はＮＧとなってしまう。その場の気持ち次第で基準を決めてしまっては、店舗の基本の維持管理は徹底できない。

【店舗の基準作成】

　店長として常に店舗の状態を基準以上に維持することが必要である。言い換えればどんな時でも店舗をお客様に不満を感じさせないレベルに維持するということである。そのためにはまず不満に感じさせない基準をつくることである。作り方を見ていこう。

《基準作り１：ミーティングの実施》

　基準は店舗スタッフを巻き込んで作るのが望ましい。巻き込むことであなた以外も意識して行動に移し維持がしやすくなる。全社員とできるだけ多くのベテランスタッフを巻き込む。そのために話し合う時間を作ろう。時間は１時間程度でかまわない。そして、話し合う前に今回の目的、よりよいお店にするために皆の意見を聞きたいということを伝えよう。

《基準作り２：お客様に対する考え方を共有する》

　話し合う中で最初に今まで見てきた顧客満足の３段階や顧客の価値のことを全員に伝えよう。来られたお客様にまた来ていただくために店舗の基準を作り維持することの大切さを参加した全員で共有する。この基本的な考え方を理解しないとただの作業になってしまう。

《基準作り３：不満を感じさせない基準を洗い出す》
　次に自分のお店で不満を感じさせないためにどうすれば良いのかを紙に書いてもらう。紙に書くことで他人の意見に左右されることがなくなる。書いた内容を一人ひとりに発表してもらい不満を感じさせない基準を洗い出す。

《基準作り４：不満を感じさせないことを整理する》
　先ほど皆に出してもらった基準を整理する。お客様に影響を与える項目から５～15項目程度選ぶ。これができていなかったら明らかにお客様が不満に感じる項目に絞り込むことだ。できていなくても不満に感じないができていればよい項目は省いていく。お客様に影響を与える項目だけに絞らないと結局はやりきれなくなってしまう。基準を図表20に整理しよう。

《基準作り５：定期的な見直し》
　基準を作ったならば基準以上になるようにしていくが、基準は一度整理したら終わりではない。年に数回見直す時期をつくろう。できるようになった項目は基準表からはずし、できていない項目に変えていく。

【基準の維持】
　基準を決めたならば維持することである。まずは基準を決めたならば全員に伝える。この時お客様に不満を与えると客数・売上に影響するから不満を感じさせないお店にすることが大切であることを伝えよう。そのうえで今回守るべき基準を伝える。理由を伝えないと結局は基準を決めても守られないことになってしまう。

《基準を維持するために》
　基準を維持するために自店にあった取り組みをしていこう。
　① 朝礼の活用
　　　毎日やることを決め、朝礼や夕礼を活用して全員に意識させる。そし

図表20　基準シート

実施日【　　年　　月　　日】　実施時間【　：　～　：　】　天候【　　】

No.	カテゴリ	項目	コメント	判 OK
1	商品	商品の品切れが無い		
2		商品はマニュアルどおりの分量である		
3		商品の温度は基準内である		
4		商品提供までの時間は10分以内である		
5		商品の盛り付けはきれいである		
6	サービス	入店時の挨拶は漏れなく実施している		
7		感じの良い挨拶（笑顔）が全員できている		
8		ご案内は迅速で、適切である		
9		オーダー時は笑顔で対応している		
10		お客さまの質問に対しては笑顔で答えている		
11		商品提供時に商品の説明をしている		
12		お冷の継ぎ足しに目を配っている		
13		食べ終わった料理の食器は速やかに下げている		
14		お会計はスムーズで待たせていない		
15		お会計時に次回来店の促しをしている		
16	店内環境	店頭にゴミは落ちていない		
17		入り口のマットは汚れていない		
18		ホールの床は汚れていない		
19		テーブル・椅子は汚れていない		
20		トイレはきれいな状態を保っている		
21		店内に異臭はない		
22		BGMの音量は適切である		

[Memo]

【評価者　　】
【面談者　　】

② 自己チェック表の活用（図表21）

　勤務前に基準表を確認し、勤務終了後の自己チェックしてもらう。特に基準項目の自分ができていないことに絞って行うと効果的である。できていないことに対して批判的な雰囲気を作ってはならない。

③ 店舗全体でのチェック（図表22）

　店舗の各時間帯ごとにその日できたかどうかを責任者がチェックする。あなただけでなく、スタッフも積極的に責任者にしていこう。こうすることで責任者がみずからその時間帯を守ってもらうようになる。

　大切なのはチェックすることではなく、できていないことを改善することである。できていないことがあったら、後回しにせず一つひとつその場で改善していく。

《まとめ》

　誰もが基準をきちんと理解して知っており、それができる体制作りが必要である。特にサービスの改善はなかなか難しいものである。数字などで表せないものは、トレーニングの日時を決めたり、スケジュールを管理することにより目に見える改善を行っていこう。最後にクレンリネスも、同様に明確な基準を設けスケジュールを決めて、誰もがきちんとできるようにしていくことである。

　店長として大切なのは現状を認識することではない。現状を踏まえて、お店をより良く変えていくことである。実際に行動計画を立て、行動し、結果を出さなければならない。

　店長がいるときだけ基準通り行うというのではなく、店長がいなくても基準が維持できる仕組み（例えば時間帯責任者によるチェック、自己チェック等）を作って欲しい。顧客に不満を与えない、つまり基準以下をなくす。土台がしっかりしていなければ建物は安定しないのだ。

2　実力店長育成プログラム

図表21　自己チェック表

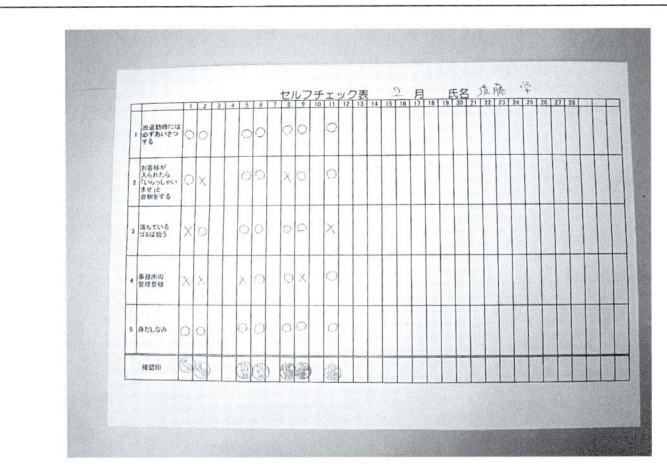

一人ひとりに自己チェックをさせていく
※時間の責任者が確認印を押し本人に今日の自己評価を聞く。
※全員に常に意識させる。

図表22　店舗全体のチェック

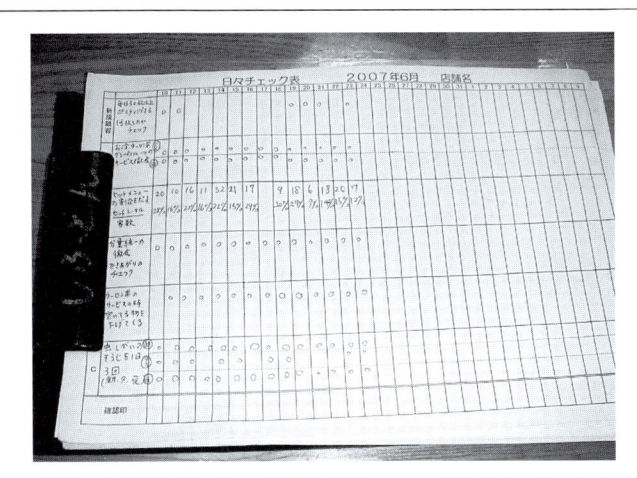

時間の責任者が自分の時間帯店舗ルールが守られていたか
をチェックする。
できていないことに関してはその場で改善する。

《ポイント》

1　顧客満足の第一はお客様に不満を感じさせないことを理解する

　　顧客満足の第一は来られたお客様に不満を感じさせないことである。不満を感じさせなければ繰り返しお店に来店されるようになる。

2　基準を明確にする

　　お客様に不満を感じさせないためにはどうすればよいのかの基準を作ることである。分かりやすく具体的な基準を作ることでお客様に不満を感じさせないお店ができる。

3　流れにする

　　基準を作ったならば、どのタイミングでどのように確認するのかを明確にすることである。流れにして当たり前にできるようになるからこそ効果が高まる。

> 実力店長育成プログラム3
> 「売上獲得法」

《基本的な考え方》

　お店には1年の中で売上の高い時期がある。この時期に最大限の売上を獲得することは店長の責任の1つである。売上をとれる時期に確実にとっておかないと、とれない時期に頑張っても効果がない。この章ではダイレクトに売上を上げる方法について考えていきたい。「売上を上げることなんて不況のこの中では難しい」という前にあなたができることからチャレンジしていこう。行動しなければ何も変わらない。まずは図表23のチェックシートをつけてみよう。

【売上の要素】

　売上を構成する要素について考えていこう。図表24を見てもらいたい。一般的に売上は「客数×客単価」で成り立っている。客数をさらに細かくみると、新規のお客様と既存のお客様（リピート・リターン）とに分けられる。

図表23　チェックシート：当てはまるものに○をつけてみましょう

1	売上を上げたいと思うが上げ方がわからない	
2	現状売上アップは難しいと思う	
3	売上アップを単発でしか行っていない	
4	客数アップの方法を行っていない	
5	客単価アップの方法を行っていない	
6	競合店対策を行っていない	
7	販売促進を行うも評価していない	
8	販売促進を行うと数ヶ月後に売上が決まって下がる	
9	売上アップの行動をする前に店舗チェックをしていない	
10	売上アップは店舗で取り組むのは難しいと思う	

※○が1つでも付くようなら、まだ売上アップの余地があります。

図表24　売上の構成要素

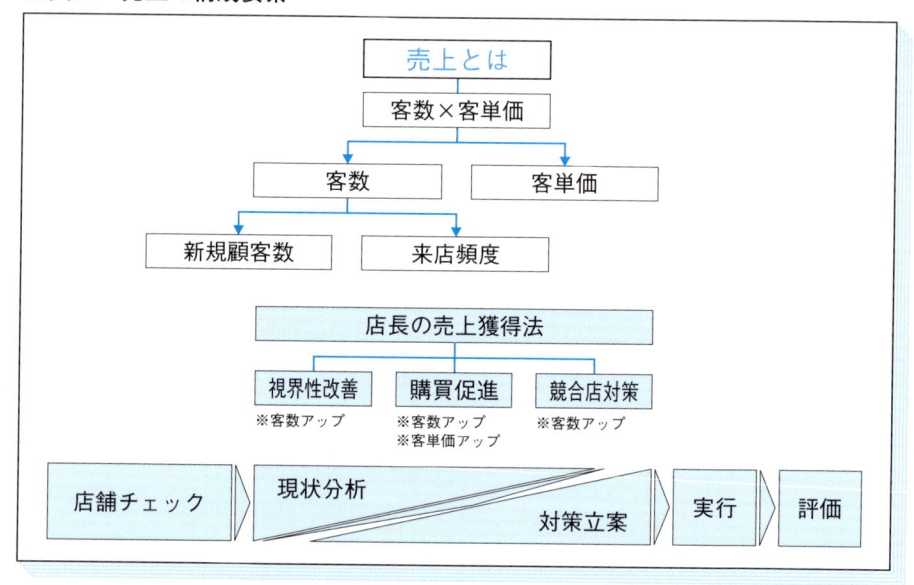

```
売上とは
  ↓
客数×客単価
  ↓        ↓
客数      客単価
  ↓
新規顧客数　来店頻度

店長の売上獲得法
  ↓       ↓       ↓
視界性改善  購買促進  競合店対策
※客数アップ ※客数アップ ※客数アップ
         ※客単価アップ

店舗チェック → 現状分析 → 対策立案 → 実行 → 評価
```

　ここから分かるのは売上を上げるには1つは客数を上げる、さらに細かく言えば新規のお客様の人数を増やす。そして、既存のお客様にまた来店してもらえるようにする（来店頻度を増やす）ことである。もう1つは客単価を上げることだ。

《具体的な進め方》

【売上を上げるために】

　売上を上げるために具体的に何をすればいいだろうか。それは次の3つになる（図表25）。

　第1は「視界性改善」による客数アップ。
　第2は「購買促進」による客数・客単価アップ。
　第3は「競合店対策」による客数・客単価アップ。
店長の売上獲得はこの3つを繰り返し実施していくことである。進め方は次の通りである。

図表25　店長の売上獲得法

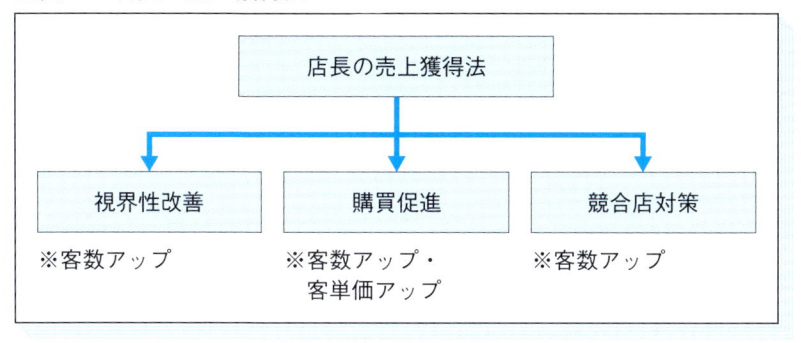

```
                店長の売上獲得法
        ┌───────────┼───────────┐
     視界性改善      購買促進       競合店対策
    ※客数アップ   ※客数アップ・    ※客数アップ
                 客単価アップ
```

図表26　売上アップの進め方

■店舗レベルの把握。
■店舗の現状を分析し対策案を立案する。
■実行する。
■結果を売上・客数・客単価と店舗状況で評価する。

第1に店舗レベルを把握する。
第2に現状を分析し対策案を立案する。
第3に実行する。
第4に結果を売上・客数・客単価とスタンダードで評価することである。

必ずこの手順を踏まなければならない（図表26）。この手順を1つでもとばしたり、順番を入れ替えたりしてもいけない。なぜならば、売上、客数、客単価の数値が良くても店舗のスタンダードレベルが低ければ、お客様のリピート・リターンにつながらず、長い目で見ると売上が下がるからだ。

【店舗レベルを把握する】

売上を上げる前に考えなければならないのは店舗の現状分析である。売上を上げることを考えるのに店舗レベルを把握しなければならない理由は、客数が増えたときにお店のレベルが低いと「うちのお店はこんなにひどい店で

すよ」と逆にアピールすることになってしまうからだ。

　あなたのお店で過去にイベントやチラシなどで販売促進活動を行ったが、売上が一時的で、その後は売上が元に戻ってしまった。逆に売上が実施前よりも下がってしまった場合は店舗のレベルが低かったということである。一度来店されたお客様がお店のひどさに、お店を離れていってしまった場合、ただ離れてしまうだけでなく、離れてしまったお客様が悪い口コミを流してしまうことになる。あるデータによると不満を感じたお客様は平均12人に悪い口コミを流す。売上アップを考える前に大前提として「店舗レベルがお客様が不満に感じないレベル以上」であることだ。

　売上獲得法を考える前にあなたのお店の店舗レベルをチェックしてみよう。図表27のチェックシートを使って自店舗の状況を把握する。当たり前のことだが客観的にみることである。もし不安ならば、他店舗の店長やパート・アルバイトに見てもらうのが良い（他店舗の指摘は比較的しやすい）。

　このシートを用いて、チェック項目の「はい」が8割以下の場合には売上を上げる前に店舗レベルを上げること（内部改善）に取り組む必要がある。

【視界性の改善】

　新規客がお店に来られる要因の多くは口コミである。店舗のレベルが高ければお客様が満足し、良い口コミとして新しいお客様を連れてきてくれるのである。次に多いのは「通りがかりに店を見て」である。つまり、店舗の視界性を改善することは新規客をダイレクトに獲得できるということなのだ。視界性改善の基本は、①起点、②対象、③距離、④主体である。

　①の起点とは「どこから見えているか」ということである。駅や大規模小売店や交差点などのお客様が集まるところからどのように見えているのかを調べる。これらの人が集まるところから見えなければ改善が必要である。

　②の対象とは起点から何が見えているかということである。建物全体が見えているのか、それとも看板が見えているのか、のぼりが見えているのか、自店舗の何が見えているのか、つまり何屋かわかるかがポイントである。

図表27 店舗チェックシート（飲食店用）

店名：			従業員数　　人
混雑具合：	混雑 ・ 半分位 ・ 空いている	訪問日／時間	月　　日　　時　　分頃

	【お出迎えとご案内】　　※接客した方の名前を記入してください。	名前「　　　　　　　　　　」
1	店に入ったらすぐに従業員が出迎えてくれた	《はい・いいえ》
2	「いらっしゃいませ」はお客さまの方を見て笑顔で言っている	《はい・いいえ》
3	案内の際にテーブルに手を差し伸べてくれた（「こちらの席でよろしいでしょうか」と言われた）	《はい・いいえ》
	お出迎えとご案内の全体評価	《満足・やや満足・普通・やや不満・不満》
	【注文の承り】	
4	注文のたびに「はい」と返事している	《はい・いいえ》
5	注文の復唱をしている	《はい・いいえ》
6	「ご注文の際は白いボタンでお知らせくださいませ」と手でボタンを示している	《はい・いいえ》
	注文の承りの全体評価	《満足・やや満足・普通・やや不満・不満》
	【商品の提供】	
7	商品を静かに置いている	《はい・いいえ》
8	提供時料理の名前を正確に伝えている	《はい・いいえ》
9	料理をメニューの上には置いていない	《はい・いいえ》
10	提供後、注文の品が全部そろったか確認している	《はい・いいえ》
11	食事の提供時間は満足のいくものである	《はい・いいえ》
	商品提供の全体評価	《満足・やや満足・普通・やや不満・不満》
	【中間下げ・お会計・お見送り】	
12	お会計はスムーズである（レシートはこちらから言わずにくれた）	《はい・いいえ》
13	退店時に従業員に挨拶された	《はい・いいえ》
	中間下げ・お会計・お見送りの全体評価	《満足・やや満足・普通・やや不満・不満》
	【従業員の態度】	
14	無愛想な従業員はいない	《はい・いいえ》
15	従業員の身だしなみは不快感がない	《はい・いいえ》
16	声をかけるとすぐに反応してくれる	《はい・いいえ》
17	従業員同士のおしゃべりはない	《はい・いいえ》
	従業員の態度の全体評価	《満足・やや満足・普通・やや不満・不満》
	【クオリティ】	
18	盛り付けは丁寧か（小鉢、漬物、全て）	《はい・いいえ》
19	お値打ち感はあるか	《はい・いいえ》
20	商品は適度な温度で出てきた	《はい・いいえ》
21	商品は適度なボリュームである	《はい・いいえ》
22	商品の見た目はメニューと同一である	《はい・いいえ》
23	御飯は美味しかった（炊き具合）	《はい・いいえ》
	クオリティの全体評価	《満足・やや満足・普通・やや不満・不満》
	【クレンリネス】	
24	店内の清掃状態は良い	《はい・いいえ》
25	トイレはきれいであった	《はい・いいえ》
26	カスターセットは汚れていない	《はい・いいえ》
	クレンリネスの全体評価	《満足・やや満足・普通・やや不満・不満》

Ⅱ　店長レベルアップ

店舗チェックシート（小売店用）

店名：			従業員数　　　人
混雑具合：　混雑　・　半分位　・　空いている		訪問日／時間　　月　　日　　時　　分頃	

			右にいいえの理由を記入してください
	【従業員】		
1	従業員は全員名札をつけていた	《はい・いいえ》	
2	従業員の身だしなみは、清潔感があった	《はい・いいえ》	
3	従業員は全員元気よくあいさつしていた	《はい・いいえ》	
4	従業員の私語がなかった	《はい・いいえ》	
5	従業員は、声をかけるとすぐに対応してくれた	《はい・いいえ》	
6	従業員の言葉遣い・対応は親切だと感じられた	《はい・いいえ》	
7	「また、どうぞご利用くださいませ」といわれた	《はい・いいえ》	
	従業員の全体評価	《満足・やや満足・普通・やや不満・不満》	
	【接客】　　※接客した方の名前を記入してください。	名前「　　　　　　　　　」	
8	精算時の対応は親切であった	《はい・いいえ》	
9	ご精算時におまたせしなかった	《はい・いいえ》	
10	両手で金銭・商品授受ができていた	《はい・いいえ》	
11	価格を読み上げてレジ打ちしていた	《はい・いいえ》	
12	レシートをお渡ししていた	《はい・いいえ》	
13	精算後お客様をきちんとおじぎをしてお見送りしていた	《はい・いいえ》	
14	レジの待ち時間は長く感じなかった	《はい・いいえ》	
	接客の全体評価	《満足・やや満足・普通・やや不満・不満》	
	【店舗環境】		
15	店の場所はわかりやすかった	《はい・いいえ》	
16	お店の入り口は、入りやすい雰囲気になっていた	《はい・いいえ》	
17	どこに何のコーナーがあるかわかりやすかった	《はい・いいえ》	
18	店前ポップやのぼりは、わかりやすかった	《はい・いいえ》	
19	チラシはわかりやすく手に取りやすいところにあった	《はい・いいえ》	
20	お客様アンケートボックスは、書きやすい場所にあった	《はい・いいえ》	
21	BGMの音量・内容は、耳障りでなかった	《はい・いいえ》	
22	店内に異臭は無かった	《はい・いいえ》	
23	買い物カゴがわかりやすい場所にあった	《はい・いいえ》	
24	店内温度は、暑く（寒く）なかった	《はい・いいえ》	
25	店内の通路は、歩きやすくなっていた	《はい・いいえ》	
	店舗環境の全体評価	《満足・やや満足・普通・やや不満・不満》	
	【清掃について】		
26	売場はきれいだった	《はい・いいえ》	
27	トイレは清潔感があった	《はい・いいえ》	
28	駐車場にゴミは落ちていなかった	《はい・いいえ》	
29	店内に、ゴミは落ちていなかった	《はい・いいえ》	
	清掃の全体評価	《満足・やや満足・普通・やや不満・不満》	
	【商品について】		
30	商品に汚れ、壊れが無かった	《はい・いいえ》	
31	商品に価格や説明がわかりやすく書かれていた	《はい・いいえ》	
32	商品価格は適正であった	《はい・いいえ》	
	商品の全体評価	《満足・やや満足・普通・やや不満・不満》	
	【品揃えについて】		
33	季節に合った品揃えになっていた	《はい・いいえ》	
34	目を引くディスプレイ・コーナーがあった	《はい・いいえ》	
35	欲しくなった商品があった	《はい・いいえ》	
36	選べるだけの商品量があった	《はい・いいえ》	
37	商品は見やすく整理されて置かれていた	《はい・いいえ》	
38	棚・バーに空いているスペースは無かった	《はい・いいえ》	
39	売場に新鮮味が見られた	《はい・いいえ》	
40	商品を探したいという期待感がある	《はい・いいえ》	
	品揃えの全体評価	《満足・やや満足・普通・やや不満・不満》	

③の距離とはどのくらいの距離から見えるかということである。歩行者なら20m以上手前から、車なら100m以上手前からわかるようにしたい。

④の主体は、どのような状況で見えているかということである。自然と目に見えるのかそれとも探さなければ分からないのかということである。

これらの4点を踏まえて現状分析してみよう（図表28）。どこから何がどのくらいの距離から、どんな状況で見えているかを調べて気付いたことをメモしよう。

次に、どこをどう改善するかを考える。良い店頭の条件は次の5つである。

① 目立つ

これは離れていてもわかるということである。看板といっても最初から設置されているものもあれば、自分自身で看板をつくってみるという手もあ

図表28　店舗視界性改善チェック表

	項　　目		OK	NG
1	目立つ	離れていてもわかるか		
		看板が見えるか		
		看板の文字が大きく読みやすいか		
		色に特色があるか		
2	驚きがある	のぼりなど店頭に動きがあるか		
		ポスターに独自のキャッチフレーズがある		
3	安心感	何屋かわかりやすいか		
		店頭が明るいか		
		店内は明るいか		
		価格がわかりやすいか		
		店内が見え雰囲気がわかりやすいか		
4	店舗の情報	店舗の規模（品揃え・客数）がわかるか		
		提供方法（業態）がわかるか		
		商品・メニューがわかるか		
5	障害がない	間口が広いか		
		入り口が広いか		
		駐輪自転車、他店看板等の障害物がないか		

る。イーゼルと黒板を用いるのも1つの方法である。

② 驚きがある

店頭を通った際に「おや、この店はなんだろう」と思わせることである。例えば、のぼりを効果的に使うことである。のぼりは風に吹かれることによって動きがでるので営業感をだすことができる。また、ポスターや黒板に言葉を乗せる際にもありきたりのことを書くのでなく、シンプルでインパクトの強いキャッチフレーズを考えることである。通行人がそれを見ただけでも成果ありである。

③ 安心感

よく見かけるのが、何屋かわからないお店である。外国語のみの店名しか書いていなければ何屋かわからない。飲食であればメニューを価格入りで店頭に置くなどし、小売りであれば店頭から何屋か想像できることがチャンスである。

④ 店舗の情報

よく店舗の窓に「当店客席90席」などをみかけるが、このように店舗の規模が店頭から分かることや、商品・サービスなどが分かると入りやすい。

⑤ 障害がない

これは店舗前のスペースは広いかということである。自転車などが置かれて歩道が狭い場合には、歩行者は早歩きになってしまう。同様に、あなたの店舗の前が障害物で狭くなっていれば、歩行者は足早に店舗前を通り過ぎることになる。お店の前の障害物は取り除く。店舗を知らせるために看板、のぼりやイーゼルを置くことをお勧めしたが、それによって店舗前が狭くなるようであれば一考を要することは言うまでもない。

図表28のチェック表を用いてまずは店舗前をチェックしてみよう。次に図表29の店舗視界性改善アイデアレポートを用いて自店舗の視界性の改善に取り組む。お金をかければ分かりやすくすることはできるが、まずは自分自身ができることは何かを考え、できることから取り組んでいこう。

2　実力店長育成プログラム

図表29　店舗視界性改善

起点	機会点	改善案
どこからみえているのか？	改善点	
対象	機会点	
何が見えているか？	改善点	
距離	機会点	
どのくらいの距離から見えているのか？	改善点	
主体	機会点	
どんな状態で見えているのか？	改善点	

どこから見えているのか？	■駅 ■大規模小売店 ■交差点...etc	→	自社の磁石
何が見えているのか？	■建物全体 ■看板 ■その他...etc	→	何屋か？
どのくらいの距離から見えているのか？	■徒歩：20m〜 ■車両：100m〜	→	歩速
どんな状況で見えているのか？	■自然に ■探して ■その他...etc	→	自然に

Ⅱ 店長レベルアップ

【購買促進】

　新規客、既存顧客のアップや客単価の増加を考えるのがこの購買促進である。最初に取り組むことは、自分のお店が新規顧客を開拓したいのか、それとも今いらっしゃるお客様の来店頻度を上げたいのか、客単価を上げたいのか目的を明確にすることである。自店舗の問題点をあげてみよう。そのなかでどれに取り組むのかを考える。そのためには、それぞれ何をしたら良いのかを整理することである（図表30）。

図表30　取り組む課題

■自店で取り組むこと
①新規顧客獲得のための取り組み
- [ ]
- [ ]

②再来店の促しのための取り組み
- [ ]
- [ ]

③来店頻度のアップのための取り組み
- [ ]
- [ ]

④客単価アップのための取り組み
- [ ]
- [ ]

⑤売上アップの前に考えること（不満に感じさせないための取り組み）
- [ ]
- [ ]

2 実力店長育成プログラム

① 行動することを決める

客数は新規顧客（初めて来店されたお客様）と、既存顧客（いままで来られたことがあるお客様）に分かれる。客数を増やすには、①新しいお客様にいかに来ていただくか、②一度来られたお客様にいかにもう一度来ていただくか、③来店頻度を上げるか、になる。そして、④客単価を上げるためには何が必要かを考えることである。それぞれ項目について自店でできることを整理してみよう。

② 行動する

どうすれば良いのかを決めたならば最初は行うことを絞りこむ。あれもこれも手をつけると大抵やりきれない。どれか1つを決めてそれを徹底して行うことからはじめよう。行ったならば必ず評価することである。

図表31　プロモーション評価法

		売上（千円）				客数（人）				客単価（円）	回収枚数（枚）				割引券売上（千円）	
		目標売上	実績売上	目標累計	実績累計	目標売上	実績売上	目標累計	実績累計		目標売上	実績売上	目標累計	実績累計	売上	累計
1	月	502	567	500	567	250	284	250	284	2000	146	182	146	182	87	87
2	火															
3	水															
4	木															
5	金															
6	土															
7	日															
週計																
8	月															
9	火															
10	水															
11	木															
12	金															
13	土															
14	日															
週計																

③　評価する：実際に購買促進が終わったら必ず結果を評価する。図表31のようにプロモーション評価表を用いて結果を集計する。

　この場合には割引券を回収した際に、レジでその割引券でいくらの購入したのかを記入する。その日の割引券売上を毎日記録していく。そして、最終的に売上を集計する。

　購買促進を行った後で、いくら売上たのかをきちんと集計する。そして今回行った購買促進の結果を数字で判断し、機会点（良かった点・伸ばすべき点）と問題点を書き出す。次回実施する際もしくは他店舗で行う際の参考資料にする。それによって次回からの購買促進時に同じ過ちを起こさないようにする。

【競合店対策】

　あなたは自分の競合店を知っているだろうか。また、あなたは自店舗の近くにある競合店に行ったことがあるだろうか。ここでの対策とは売上アップのために競合店のお客様を自分のお店のお客様とすることである。そのためには図表32にある競合店調査表を用いて競合店を実際に利用し、機会点と問題点をチェックすることである。そして、競合店よりも優れている部分を伸ばし、足りない部分を少しでも改善する。

　競合店があるということは自店のお客様が奪われている可能性があるということも頭に入れておこう。

【売上・客数・客単価・店舗レベルで評価する】

　視界性改善、購買促進、競合店対策どれを実施しても、最後には必ず売上・客数・客単価・店舗レベルで評価する。

　売上が上がっても店舗レベルが下がったのではお客様が不満を感じリピート・リターンしてもらえない。その月の売上は良くても翌月以降の売上が下がってしまうことが目にみえている。必ず最後の評価には店舗レベルも入れることを忘れてはならない。

図表32　競合店調査票

【競合店調査票】　競合店写真

#	項目	内容
1	競合店名	カフェDIC
2	店舗からの距離	30メートル
3	営業形態	コーヒーショップ
4	営業時間	7：00～21：00
5	客席数	18席（カウンター席のみ）
6	ピークタイム	8：00～9：30、12：00～14：00
7	客層	サラリーマン中心
8	客単価	300円
9	駐車場の有無	無し
10	商品を購入してみて	トースト5分待ち ミネストローネ、当店にはない、おいしい カフェラテがややぬるい
11	店舗MGRの感想	客席せまく長くいれない 食べ物類が少ない
12	販売促進活動	コーヒー回数券
13	店内POP	ポスターが破れている いろいろ貼られていてわかりづらい
14	改善点（学びたい点）	サラリーマン向け ドリンク類が充実している
15	機会点（勝っている点）	スタンダードレベルは自店が上回る 立地も自店のほうが良い 客席数も自店が多い
16	その他	常連客しかいないようだ

Ⅱ　店長レベルアップ

《まとめ》

　売上獲得法は大企業にしかできないことではない。テレビコマーシャルなどの宣伝広告や派手なイベントだけではない。あなたが自分自身で考えればいくらでもアイデアが出てくるはずである。

　実施したことにより、成功・失敗といろいろ考えられるが、どちらにせよそれは大きな財産となる。大切なのは自店でできることから少しずつ実行に移すことである。売上が上がらないのを人や社会のせいにしても始まらない。売上が上がるかどうかは、あなた自身のやる気と行動しだいである。

《ポイント》

1　売上アップの具体的な方法を考える
　売上を上げようと考えているだけでは結果は出ない。どうすれば結果が出るのか具体的な実施法を考えて行動すること。

2　店舗レベルを把握する
　売上アップを行う前に店舗レベルを客観的に把握しよう。お客様に不満をあたえる状態であれば売上アップの取り組みでお客様が来店しても結果は悪化してしまう。

3　評価する
　売上アップの行動をとったならば必ず評価することである。やりっぱなしでは次につながらない。行ったことの評価をすることによって、良かったことは継続し、うまくいかなかったものは改善すること。

実力店長育成プログラム４
「水光熱管理法」

《基本的な考え方》

あなたが毎日20リットルの水槽に水をめいっぱい入れてくれと頼まれたとしよう。その時、水を運ぶためのバケツにほんのわずかだが穴があいていたらどう感じるだろうか。ほんの少しの穴であってもあなたはせっかく汲んだ水をこぼしてはたまらないと思うだろう。多くの人は穴のあいていないバケツに変えるか、穴を塞ぐだろう。

実は、これと同じようなことがあなたのお店でも起きている。ただあなた自身がその穴に気付いていないか、気付きながらもしょうがないとそのままにしているかのどちらかなのだ。それが今回のテーマの水光熱費管理である。図表33をチェックしてみよう。

【水光熱費】

水光熱費の売上に対する比率は決して小さくない。水光熱費はお店の大

図表33　チェックシート：当てはまるものに○をつけてみましょう

1	水光熱はとくに気にしていない	
2	水光熱を数値で把握していない	
3	水光熱のチェックの仕組みがない	
4	水光熱のメーターの位置がわからない	
5	水光熱のムダ使いが多い	
6	水光熱をパート・アルバイトに教育したことがない	
7	水光熱で何か問題があっても気付くのが遅れている	
8	水光熱での具体的な改善法がない	
9	水光熱の仕組みがない	
10	水光熱は気付いたときだけ意識している	

※○が１つでもあれば改善の余地があります。

Ⅱ　店長レベルアップ

小、業種によるが、おおよそ3〜10％もある。店長がコントロールできる第2の経費でもある。

　あなたのお店であなた自身が管理可能な経費といえばおそらく人件費を思い浮かべるだろう。人件費を無理に削減すればお店のレベルを下げることになる。人を削ればピーク時にきちんとした対応ができず、レベルが下がれば、それはお客様が不満を感じてしまい顧客満足の第一段階も達成することができずにお客様はあなたのお店から遠ざかってしまう。

　顧客満足が低くなればお客様はリピート・リターンせず、売上も下がり、利益も下がってしまう。すると、経費削減のために採用もできなくなり、トレーニングもできず、そのため店舗レベルが下がり、顧客満足も下がってしまうという悪循環になる。

　この章では見方を変えて経費削減ではなく、店舗の無駄はないかを見ていく。特に見落としがちな水光熱管理にスポットを当てよう。水光熱費の売上に占める割合は決して低くはない。

　水光熱費管理には特殊な技術は全く必要ない。日々の積み重ねができるかどうかということだけだ。しっかりとした管理を行うことによって、水光熱費を減らすことが可能なのだ。

　水光熱費を削減するといっても全体の売上対比でみればたかだか1％に満たない経費だと思うかもしれない。では実際に自分のお店の月商、年商の1％といったらどれだけになるかも計算してみて欲しい。また、会社の年間売上高の1％といったらどれだけの金額になるのかも合わせて計算してみて欲しい。かなりの金額になるはずだ（図表34）。

　逆に売上を今現在、前年比1％以上に確実に上げられると言い切れる人はどれだけいるだろうか。売上を1％上げるのと、水光熱費を管理して1％下げるのとどちらが達成しやすいか考えて欲しい（決して売上を上げる努力をしなくていいということではない）。

2　実力店長育成プログラム

図表34

```
月商500万円ならば……
    1％＝5万円    年間で60万円
月商1000万円ならば……
    1％＝10万円   年間で120万円

年商20億円の会社ならば……
    1％＝2,000万円

年商50億円の会社ならば……
    1％＝5,000万円
                    これだけの金額になる!!
```

《具体的な進め方》

【現状分析】

　今まで水光熱費管理をどのように実施してきたのか、行ってきたことを思い浮かべよう。気付いたときに注意したとか、スタッフのうち気にしている人だけがなんとなく気に止めているといった、その場だけ、その瞬間だけの管理ではなかっただろうか。

　あなた自身が水光熱費の額を大したものではない感じていたり、水光熱費は営業上絶対に必要なものだから減らすことなんて考えられないと思っていないだろうか。それではあなたがいくら節約と言ってもパート・アルバイトがあなた以上に水光熱に関して重要に感じることはないだろう。

　水光熱管理を行う前に実際に自店の状態を確認しよう。実際には自分自身の意識を自己確認表（図表35）によって、また、お店の状態を水光熱調査レポート（図表36）を使って見ていこう。

　項目に従ってできていればＯＫを、できていなければＮＧ印をつけていく。実際のお店の状況が思った以上に管理されていないと感じても、ここで悲観することはない、大切なのはこの現状を踏まえ、具体的にどのように管理していくかということである。

図表35　水光熱費自己確認表

自己確認表

エネルギーを使用するうえで知らなければいけないこと
- □各メーターの正確な検針方法を知っている
- □メーターを検針し使用量が算出できる
- □エネルギーの単価を知っている
- □自分のお店の昨年の同月の水光熱量を知っている
- □前月の水光熱量を知っている

確実に行うこと
- □週ごとに水光熱の検針を行い、記録している
- □毎週、もしくは毎月、水光熱の使用量を把握している
- □店舗のエアコンと各機器に関するＯＮ・ＯＦＦスケジュールを計画している
- □機器のメンテナンスを行ったことがある

機器類に関すること
- □各機器のＯＮ・ＯＦＦスケジュールを熟知している
- □アイドルタイムには必要のない機器を一時的に切るように従業員をトレーニングしている

【使用量推移表】

　まず、水・ガス・電気の使用量をチェックすることから始めよう。さて、あなたは自店の昨年の水光熱費の使用量を言えるだろうか。今年の自店の水光熱費使用量を知っているだろうか。売上はすらすら言えても、水光熱費まではなかなか言えないのではないだろうか。

　一人暮らしを経験している人は自分で部屋を借りたときなど、毎日お風呂の水をためないでシャワーで我慢して節水したことや、電気関係の使用していないものはコンセントを抜いたりしたことはないだろうか。また、毎月のガス代や水道代が気にならなかっただろうか。額は小さくとも結構気にしていたはずである。

　お店も全く一緒である。水光熱に関心がないというのは、自分のお店という意識が低いだけである。ただ何となく、上司や会社に言われてやっている

図表36　水光熱調査レポート

ダクト
- □使用していないダクトはＯＦＦになっているか

冷凍・冷蔵庫
- □温度設定は適正か
- □内外部の壁面にくぼみや穴はあいていないか
- □ドアパッキンは磨耗していないか
- □霜取りは定期的に行われているか
- □コンデンサーの清掃は行われているか
- □フィルターの清掃は行われているか

湯沸し機
- □定期的に種火のチェック、調整は行われているか
- □湯洗いする必要のないものにもお湯を使用していないか

分電盤
- □分電盤の各スイッチのインデックスは明記してあるか
- □給排気ファンに異常はないか
- □ドットシステムを活用しているか

照明関係
- □照明器具の清掃は定期的に行われているか
- □照明のＯＮ・ＯＦＦに関する規制が守られているか

シンク
- □蛇口から水漏れはしていないか
- □水漏れはないか
- □シンクに必要以上に水を溜め込んでいないか

空調機器
- □空調のＯＮ・ＯＦＦスケジュールは守られているか
- □冷暖房の運転は適正か
- □適正温度に設定されているか

屋外ユニット
- □全てのねじはきちんと締めているか
- □メンテナンスは行っているか
- □フィン付近に障害物はないか
- □フィンにほこりや葉がついていないか

屋内ユニット
- □フィルターが汚れていないか
- □フィンの清掃はしてあるか

トイレ
- □トイレの水が必要以上に流れていないか
- □ボルトアップは壊れていないか

客席照明
- □ルーバーおよびライトの清掃を定期的に行っているか
- □場所にあったワット数の電球を使用しているか
- □必要に応じて照明のＯＮ・ＯＦＦができるか
- □ＯＮ・ＯＦＦに関する規制はあるか

屋外照明コントロール
- □屋外照明には決められた電球が使われているか
- □閉店後直ちにＯＦＦにしているか
- □開店前、早い時間からＯＮにしていないか
- □照明に関する無駄はないか
- □照明の汚れはきちんと清掃しているか

事務所
- □冷暖房に無駄はないか
- □照明に関する無駄はないか
- □無駄なコンセントはつないでいないか

Ⅱ　店長レベルアップ

図表37　使用量推移表

年　　　月　　　　店

項目	1	2	3	4	5	6	7	8	9	10	11	12	13	14	15	16	17	18	19	20	21	22	23	24	25	26	27	28	29	30	31
水道 ㎥																															
前年比																															
累計																															
前年比																															
電気(電灯)Kwh																															
前年比																															
累計																															
前年比																															
電気(動力)Kwh																															
前年比																															
累計																															
前年比																															
ガス ㎥																															
前年比																															
累計																															
前年比																															
担当者																															
責任者確認																															

　というレベルなのではないだろうか。水光熱費という些細なところにあなたの意識の度合いが現れてしまう。まずは、水光熱管理の第一段階として一体いくら使っているのか使用量を把握しよう。勘でなくきちんとした数字で記録するために使用量推移表を用いる（図表37）。

　パート・アルバイトに節約しろと何度も言ったり、紙に書いて掲示したのでは継続されない。最初の2～3日ぐらいは全員気にしていてこまめに蛇口を閉めるかもしれないが、その後はまた元の状態と同じになってしまう。それは節約を心掛けることでどれだけの効果があるかが全く分からないからだ。結果を公表せずに、数字も分からずに頑張れといっても効果はない。きちんとした数字ではっきりと示すことが大切だ。皆が節約に協力した結果、こんなに使用量が減ったというように示すことで、水光熱に対しての意識も大きく変わってくる。

　使用にあたってのポイントは、第1に毎日か毎週ごとに必ず定期的に

チェックすることだ。毎月ごとでは間延びしてしまい、また何か異常があったときに気付くのが1ヶ月後ということでは、その間に被害が拡大してしまいお勧めできない。最低でも1週間に1回は使用量を確認しよう。

第2に、毎日確認するときには確認する時間を毎回同じ時間に、毎週確認するときには、同じ時間、同じ曜日でみることだ。今日は朝に計測し、次の日には夜、また次の日には朝では正確な数字がわからない。

第3に、この推移表を前年と比較することだ。前月では、季節の変化によって冬は暖房やお湯、夏は冷房などで多く使ってしまい数字が変わってきてしまう。前年のデータがなくこれから始める場合は何日か、もしくは何週間か記録し、自店の基準値をまず作ることだ。前年計っていないからという理由でこの使用量を記録しないということのないようにしよう。それではいつまでたっても同じことの繰り返しとなり、水光熱管理は永遠にできない。

第4に、記入は料金ではなく使用量を明記していくようにすることだ。料金だと単価が変わってしまう。また、ガス会社や水道局の検針などをそのまま転用しないこと。理由は検針の来る日や時間はいつも一定ではないからだ。人まかせにせず、自分で確認することだ。

第5に、お店の全員の目につくところに貼ること。どこかにしまってしまい、置き場所が一部の人間しか分からないようでは全く意味がない。

最後に、当たり前のことだが、この推移表は毎回記入することが大切なのではない。毎日チェックしていたけれども、数字の変化に気付かずに水漏れで水道料金の請求が普段の1.5倍になってしまった例もある。チェックすることに意味があるのではなく、この表を用いて現状を把握するとともに、異常値が出たならすぐに対処や改善をすることが肝心なのだ。最初はこの推移表を記録することからはじめて欲しい。

【水を管理する】

図表38を見て欲しい。水・電気・ガスは、ほんの些細な量でも積もり積もればかなりの金額になる。ちょっとしたことでも、1つひとつ管理すること

図表38　水漏れの計算例

```
1分間にペットボトル1本分の350ccの水漏れをしていたら
 350cc × 1440分 ÷ 1,000,000 = 0.504（1日の水漏れ）
 （1日の時間分）   cc → ㎥
 0.504 × @415円 × 365日   = 74,320円（1年間垂れ流し金額）
1日の水漏れ    水道単価
```

によって大きな影響がでるのだ。

■パッキンの磨耗：全ての蛇口の水漏れを確認してみよう。パッキンの磨耗は大丈夫だろうか。蛇口が完全にしまっているのにポタポタと水が垂れていたら要注意だ。水漏れの蛇口が多ければ多いほどこの無駄な水は増えていくことになる。自分で修理をするのが難しければ業者に修理をお願いする。

■水冷式の厨房機器の冷却排水：これは主に、エアコンや冷蔵庫などがあたる。水冷式かどうかは機器に水道が引かれているかどうかで判断する。水冷式かどうか分からないときには業者に聞いてみよう。水冷式の機器類は営業終了後に機器を止めてみて排水溝から水が流れていないかどうかを確認する。機器を止めても水が流れているときは自動給水弁等が壊れ、水が垂れ流し状態になっている。すぐに上司と相談して業者にお願いしよう。

■トイレのボルトアップ（浮き）：トイレはボルトアップ（タンク内の浮き）が壊れていないかどうかの確認をする。ボルトアップは壊れていたり、はずれていたりすることが多いのでこまめにチェックしよう。壊れていたら部品を取り寄せ修理し、外れていたときにはキチンとはめなおす。また、タンクの中に物をいれてタンク内の水の量を調整する方法もあるが注意しないと水の勢いが弱くなり、一人が何回も水を流してしまい、かえって無駄に使ってしまっていることもある。タンク内に物を入れて水の量を調整する際には何回か実験して水の勢いや量を確認することである。

■水遣り：郊外型のお店だと駐車場などに植木や植栽などがある（この際の水遣りの注意）。夏の暑い盛りの日中に水を撒いてもすぐに乾いてしまい効

果は得られない。よく、日中の暑い盛りに何度も水をあげている光景を見かけるが、これなども朝方や夜などの比較的涼しい時間に行うようにすると水を節約することができる。

■**清掃時**：清掃時に使用する水の量もお店の基準を設けて必要以上に使わないようにする。パート・アルバイトによっては必要以上に何回も水を交換することがある。きちんとお店の基準を設けることが必要だ。

■**営業中**：営業中に必要以上に水を使うパート・アルバイトもいる。その量が本当に必要なのかどうかをきちんと話し合い、お店の基準を明確にすることが大切だ。また、当たり前のことだが、水の出しっぱなしがないかどうか営業中のこまめな確認も必要だ。

■**営業終了後**：営業終了後も確認することがある。それは、全ての機器類を止め、また全ての蛇口を閉めた時に水道メーターが動いているかどうかの確認である。もしもメーターが動いていたならば水漏れが考えられる。徹底的に調査し問題箇所を改善しなければならない。この営業終了後の確認は毎日ではなく、月に1回程度、日を決めて行う。

【電気を管理する】

あなたは電気をつけたまま帰ってしまったことがないだろうか（図表39）。電気を消し忘れて帰ってしまったことで、これだけの金額を浪費している。そのうっかりミスがこの図表39のように大きな損害となることも覚えておく。

図表39　電気の浪費の例

```
必要の無い照明
    100wの電球を10個を閉店後つけたまま帰ると……
    100w × 10個 × 8時間 ÷ 1,000 ＝ 8kw（1日）
    8kw × 23円 × 365日 ＝ 67,160円（1年間で）
        電灯単価
```

■冷凍・冷蔵庫：冷凍・冷蔵庫のドアのパッキンが磨耗しているか確認する方法としてドアに名刺をはさんでみよう。名刺を抜くときに抵抗がないときにはパッキンが磨耗しており、余計な電気を使っていることになる。また、大型冷凍庫などは庫内に入ってみてドアの隙間から光が入ってきているようだと注意が必要だ。そのときにはすぐにパッキンを替える手配をすること。また、定期的にフィルターの洗浄も行う。フィルターが汚れているとその分余計に電気を消費してしまう。図表40のようにメンテナンス表を作成し、定期的に手を入れていくことである。

■コンデンサー：空調機器空調機器のコンデンサーが汚れていたり、周囲に物が置いてあったりすると十分な排熱ができずコンプレッサーが動きつづけてしまう。こまめに掃除をすることとコンデンサーの周囲をチェックする。

■温度管理：客席の温度と風量調節をきちんとしないと余計な電気を使ってしまう。冷房だと1℃高め、暖房だと2℃低めで10%ほど消費電力が違う。

図表40　メンテナンスチェック表　　　年　月　店

項　目	1	2	3	4	5	6	7	8	9	10	11	12	13	14	15	16	17	18	19	20	21	22	23	24	25	26	27	28	29	30	31
冷蔵庫フィルター																															
冷凍庫フイルター																															
冷暖房フィルター																															
窓ガラス																															
冷蔵庫内																															
冷凍庫内																															
冷凍ストッカー																															
排水溝																															
ダクトフィルター																															
フライヤー周辺																															
グリストラップ																															
コーヒーマシーン																															
グラスラック																															
グラスラック棚																															
炭酸出口																															
ソフト分解																															
確認者																															

※メンテナンスする機器類を書き出す

また、寒いからといって設定温度を高くしても室内の温度はすぐに高くはならない。冷房も同じである。空調機は温度設定を低くしたところで効く早さは変化しない。むしろ空調機に多大な負担をかけることになるので注意が必要だ。

　フロアの温度にも十分注意し、お客様が席に座った際の頭の高さに温度計を置く。立っているときには暑く感じても、実際に座ってみると涼しく感じることがあるからだ。実際にお客様が店舗を利用しているときの状態で管理する。また、閑散時には室温が暑くなりすぎたり、寒くなりすぎたりする。十分な注意が必要だ。

　温度調整は温度計を基準にする。従業員の感覚で調整してはいけない。働いている人は動き回っているために冬であっても低い室内温度で暑く感じてしまうことがあるからだ。逆に夏は寒くなりすぎてしまうこともあるので必ず温度計を用いること。

　空調機はこまめに管理するとともにフィルターもこまめに清掃する。メンテナンスしない空調機とメンテナンスをした空調機では、平均消費電力が50％も違った例もある。

■屋外照明：屋外照明の場合、毎日電源をON－OFFする場合には、冬と夏で点灯時間に注意する。1年中同じ時間にON－OFFを行っていると、夏場だとまだ明るいのに屋外照明がついている状態になり、無駄な電気を使ってしまう。同様にタイマー式の場合にも冬と夏で設定時間を替える必要がある。

■電源のON－OFF：開店前および閉店後の不必要な電気はOFFにする。そのために必要なのがドットシステムである（図表41）。これは実際に使う時間によって色分けしたシールを貼る。また照明の点灯時間のルールもきちんと分かるようにする。また、オープン時とクローズ時のチェック表を作成してその中に組み込み、オープン時の最初から全ての電源をいれてしまったり、逆にクローズ時の電気の消し忘れがないようにする。

　電気といっても実際にはオープン時から全てを使うことはないだろう。た

図表41　ドットシステム

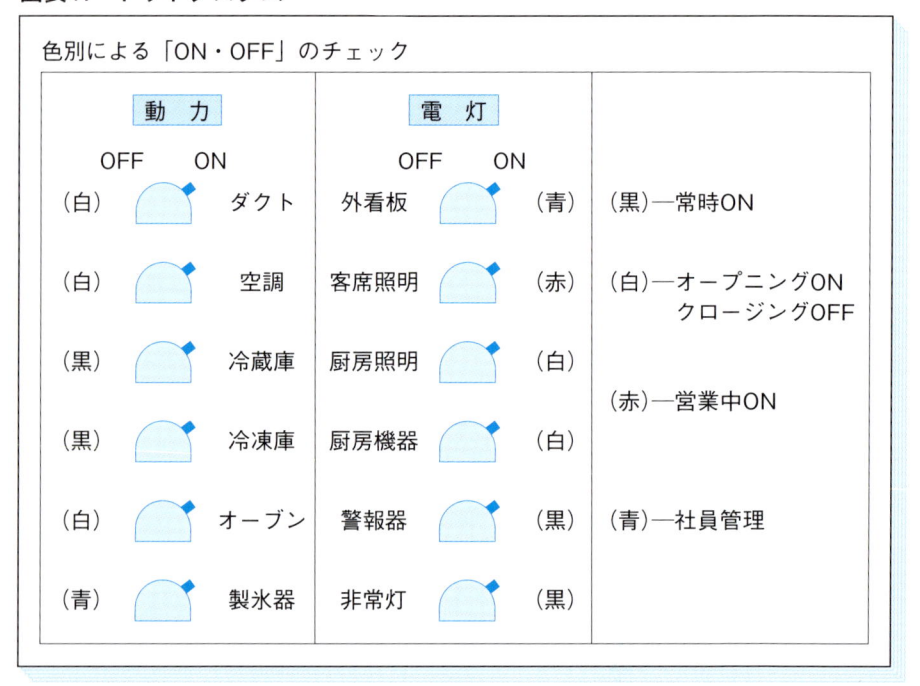

色別による「ON・OFF」のチェック		
動　力 OFF　ON	**電　灯** OFF　ON	
（白）　ダクト	外看板　（青）	（黒）―常時ON
（白）　空調	客席照明　（赤）	（白）―オープニングON 　　　　クロージングOFF
（黒）　冷蔵庫	厨房照明　（白）	（赤）―営業中ON
（黒）　冷凍庫	厨房機器　（白）	
（白）　オーブン	警報器　（黒）	（青）―社員管理
（青）　製氷器	非常灯　（黒）	

だ、なんとなく昔からの習慣でオープン時すぐに全ての電源をいれている店舗を多く見かける。また、営業終了後、必要のないもの（例えば看板など）はその場で消すルールをつくることが大切である。

■事務所・更衣室：忘れがちなのが、事務所や更衣室だ。ここは使うときと使わないときがでてくるのだから、使用するときだけ電気をつける、最後に出る人が必ず電気を消すといったルール作りをしよう。同じく倉庫も電気を一日中つけておく必要はないのだから、使うときのみスイッチをONするといったルール作りが大切だ。また、冷暖房や事務所内の使用していないコンセントは抜くといったことも必要だ。比較的簡単にできることなのですぐに実行して欲しい。

図表42　ガスの無駄の例

```
フライヤーのガス使用量を11000KCal／1時間とすると
    1時間に11000÷11000×140円 ＝ 140円
                        1㎥ ＝ 11000KCal
                        1㎥ ＝ 140円
3時間止めると
    140円 × 3時間 ＝ 420円
1年間で420円 × 365日 ＝ 153,300円
```

【ガスを管理する】

あなたのお店で使われている「ガス」で調整できるものはなんだろうか。図表42を見てみよう。水・電気同様にちょっとしたことで大きな金額を無駄にしていることに気付くだろう。

■湯沸し機：湯沸し機の湯温は熱すぎないか、必要のないときに種火をつけていないかを確認する。しつこい油汚れ以外はぬるま湯で十分に落ちる。洗う前に皿の汚れをふき取ると低温でも十分に洗える。また、例えば、設定温度が38度と40度では10分間で1.7円の差が出る。温度をわずか2度下げただけで、この差が出るのだ。必ずしも水で洗えとか、低くという意味ではなく、自店で確かめて無駄をなくしてほしい。

■洗浄機：閑散時など食器1個で洗浄機を使うような無駄なことはしてないだろうか。暇な時間になんとなく手持ちぶさたで、1つの下げ物がくるとそのつど洗ってしまうこともあるかもしれない。だがこれも、何個きたら洗うといった形で自分のお店できちんとしたルールを作ることが大切である。

■フライヤー：フライヤーは定期的なメンテナンスでカーボンや油カスを取り除くことにより熱伝導を良くし、無駄なガスを使わないようにできる。これもメンテナンスチェック表によって管理していくことだ。

また、入店後すぐに全てを点火していることはないだろうか。フライヤーを実際に使用する時間から逆算して時間設定する。これも「ON－OFFチェック表」によって管理する。

同様に閉店後も火をつけたままにしていることはないだろうか。ラストオーダー後はすぐに消す。これらは「オープン・クローズチェック表」によって電気と同様に管理することである。

■ガスバーナー：ガスバーナーもフライヤーと一緒である。きちんと定期的にメンテナンスを実施する。また、ときどき営業中に完全に消さないで弱火にしているお店をみかけるが、その種火が本当に必要なのか、注文が入ってから点火したのでは遅いのかを確認することも必要である。

《まとめ》

この章のポイントは、今までなんとなく管理していていた事柄を目に見える形にすることである。勘やその場だけで行うのではなく、きちんとルール化する。表を作成し、担当者を決め、あなたがいなくても継続して続けていける仕組みを作ることである。推移表やドットシステム、ON－OFFチェック表、クレンリネスチェック表のようにきちんと目に見える形にして継続していくようにする。

また、最初にお店をチェックするときに用いた、水光熱調査レポートは言い回しをかえることで、日々の管理ツールになるのでぜひ活用して欲しい。

水光熱管理はクレンリネスと同じく特殊な技能を必要とはしない。要は一人ひとりの心掛け次第なのだ。それはすなわちあなたのやる気と行動次第ということである。

最後に、水光熱管理で勘違いしないで欲しいのは経費を削減することが目的ではないことである。ここを間違えると暗くなっても看板の照明をつけなかったり、客席が寒いままであったり、極端に室内が暗いお店になるといったトンチンカンなことになりかねない。店舗の在るべき姿を目に見える管理をすることにより無駄な部分を省くということが目的である。

店長の仕事の多くはこのような地味なことの積み重ねなのだ。だから、一つひとつの積み重ねが大きな境目となる。最初に述べたように穴があいたバケツで水を汲んでいる店長は意外と多いのだ。

《ポイント》

1　水光熱に目を向ける

　　数値的には少ないが積み重なれば大きくなる。水光熱は管理をやるかやらないかである。ちょっとしたところにも目を向けていくことが大切。

2　数値で把握する

　　水光熱の改善はまず数値で把握することである。数値で現状を分析し、改善結果も数値で把握すること。数値でみることで結果を出すことができる。

3　日々継続する

　　1回やったからといって結果は出ない。日々やり続けることが大切である。毎日やり続ける仕組みを作ること。日々の流れに組み込み毎日続けてこそ結果が出るのだ。

実力店長育成プログラム5 「安全管理法」

《基本的な考え方》

すすんで危険な場所に行くことを選ぶ人はいないだろう。自分の身が安全だと思うところ、安全な場所であることが大前提である。

店舗も全く一緒である。利用するうえでの絶対条件として安全であることである。あなたは店長としてお店は安全管理に目を向けているだろうか。チェックしてみよう（図表43）。安全が獲得されているのは最低限のことだ。安全かどうか分からない店舗は誰も利用しないだろう。

【安全管理】

店長としてあなたは日々の営業の中で、パート・アルバイトのトレーニングや売上を獲得するために、さまざまな仕事に追われていることだろう。だが忙しいとき、気を抜いたとき、日々の仕事に追われている時に「何でこんなことが……」といった事故が起こりやすい。

図表43　チェックシート：当てはまるものに○をつけてみましょう

1	安全管理の具体的な行動をしていない	
2	何か事件・事故が起こってから対応している	
3	安全管理の指標がない	
4	安全管理のトレーニングをしていない	
5	安全管理のチェックが曖昧である	
6	お金に関する仕組みがない	
7	レジ過不足が多い	
8	緊急時の対処法がない	
9	安全管理のトレーニング方法がない	
10	事件・事故を未然に防ぐ行動をしていない	

※○が1つでもついたなら事件・事故が起こる可能性が高い。

犯罪や火事といったことは、偶然に起こるのではなく店舗の安全管理に対する意識が低くなったときに起こる。一番注意しなければならないのが日々の営業にだけ追われてしまっているときだ。そのときこそ事件・事故に十分な注意を払うことが必要である。

　店舗の安全管理は常に磐石なものにしておきたい。安全管理はできていて当たり前、できていなければNGというよりも論外である。NGであれば、事件・事故が起こり店舗の存続にも影響する。

　あなたはまずお店を通して大事なお客様、従業員や店舗の資産を預かっていることを認識することだ。安全に注意を払っていないということはお客様だけでなく社会全体を裏切っているということである。安全なお店だからという理由だけでは売上は上がらないが、安全でなければお客様は誰も来店されなくなるだろう。

　自分のお店は今まで何も起きていないから大丈夫だと人ごとのように考えていると取り返しのつかないことになってしまう。たった一度ぐらいではなく、一度起こしてしまうと取り返しのつかないこともあるのだ。

　信用をつくることは時間も掛かり大変だが、信用を失うのはほんの一瞬である。店長は売上や適正な利益を確保するとともに、店舗の大事な資産（それはもちろんパート・アルバイト・社員も含めて）を守るという大事な使命があることを肝に銘じて欲しい。そのことを踏まえて防火・防災・防犯・店内事故など全てに注意しなければならない。

　安全管理（セイフティ＆セキュリティ）は最初に知らなければならないことであり、また常に考えなければならないことである。

　また、店舗で働いている全ての人間が当たり前のように安全管理の重要性を認識し知識や対処の仕方を理解していることが大切だ。全員で何事にも取り組む、その意識や姿勢がお店の文化となる。

　安全管理がしっかりできていなければお客様に不安を与えるだけではない。従業員全員の心にすきをつくってしまい、思わぬ不正がおきたりする。不正は行った人間が悪いのは当然だが、それ以上に不正を行わせてしまうよ

うな環境を作り出してしまったあなた自身がもっと悪い。そのような好ましくない文化のお店にしないためにも真剣に取り組んでいこう。

《具体的な進め方》

【現状分析】

　最初にお店の安全管理に対する現状をチェック表（図表44）を使ってみていく。安全管理は次の5つの項目に分けて見る。①備品の管理、②防犯対策、③防火対策、④人・物・金の管理、⑤従業員の知識である。

　OK、NGをつけて、また何が悪かったのかもコメント欄につけていく。ここでは「これができていなかったね」と、ただのチェックで終わりにしない。チェックシートを使っての現状分析は改善を実行に移す前のあくまで準備段階にすぎない。ここがゴールではなくスタートなのだ。

　大切なのは現状を見ることではなく、現状を踏まえて次へと進むことだ。自店のどこがされていないのかを把握し、できていない箇所を改善していこう。では、具体的に5つの項目に沿ってみくことにしよう。

【備品の管理】

　安全管理を行う上で必要な備品があるのかどうかを確認しよう。例えば、（最近、事務所内でタバコを吸えるお店は少なくなってか）あなたがたばこの吸殻に気をつけろとスタッフに言いながら、お店の事務所に灰皿がなければ、スタッフから店長は真剣に安全管理に取り組もうとしているのだろうかと思われてもおかしくはない。

　備品を用意するのは100％あなたの責任である。お店の責任者であるあなたが揃えなければ、誰も揃えられない。備品を揃えることなど何ら特別な技術や能力を必要としない。備品がなければ今すぐに買いに行くか上司にお願いして揃えてもらうことである。

図表44　安全管理のチェック表

大分類	中分類	チェック項目
備品の管理	タバコ	客席／事務所の灰皿に灰はたまっていないか。
		客席の灰皿の在庫は十分あるか。
		すいがら入れに水がはってあるか。
	消化器	消火器の期限は過ぎていないか。
		消火器の場所をみんな知っているか。
		消火器がクレンリネスされているか。
	金庫	常時施錠されているか。
		金庫を開ける時に番号をかくしているか。
		夜間金庫を使用する際バックも施錠しているか。
		夜間金庫のレシートは添付しているか。
	冷凍冷蔵庫	在庫量をチェックしているか。
防犯対策	納金	売上金が2日以上の時は2人で納金しているか。
		納金前には再度カウントしているか。
	強盗対策	閉店業務中レジ締めはお客様が帰ってから行っているか。
		開店、閉店業務は、シャッターを下ろし、ブラインド等で外から見えない状態で行っているか。
		郊外店の場合、駐車場に不審な車いないか確かめているか。
		閉店時、客席やトイレに人がいないか確かめているか。
		電話の横に、緊急連絡先の番号が書いてあるか。
		店舗ドアとシャッターの両方を施錠してあるか。
		店頭の看板などは、閉店時に店内にしまってあるか。
	詐欺	高額紙幣のお客様にはきちんと確認させているか。
		クレームには社員もしくは責任者が立ち会っているか。
防火対策	防火管理責任者	防火管理責任者の資格を店長が有しているか。
		防火管理責任者のプレートが掲示されているか。客席／バックヤード／倉庫／事務所
	機器	機器のメンテナンスがされているか。
		ガスの元栓の場所を知っているか。
		ガス警報器を知っているか。
		ブレーカーや電線が熱をもっていないか。
		配電盤等にゴキブリがいないか。
		避難通路に物を置いていないか。
		避難はしごがすぐに使えるか。
		非常口は内側から開けられるか。
	その他	ゴミは夜間店舗に置きっぱなしになっていないか。
		最終火元チェックをしてから、帰宅しているか。
人・物・金の管理	人	パート・アルバイト採用時、履歴書の他に身分証明書をコピーしているか。
		高校生を採用する時には、親権者の承諾をきちんと得ているか。
	物	搬入時に検品しているか。数量／品質／賞味期限
		定期的に棚卸をしているか。
		倉庫が常に整理整頓されているか。
	金	レジに高額紙幣がたまったら、そのつど分納しているか。
		キャンセルレシートには取扱者のサインがされているか。
		小口現金の収支が合っているか。
		パート・アルバイトの給与の管理はしっかりしているか。
		釣銭準備金は開店時と閉店時で必ず確認しているか。
		金庫からの出金、入金の際には必ず記録しているか。
従業員の知識	パート・アルバイト	パート・アルバイトに現金管理の注意事項をトレーニングしているか。
		事務所に緊急避難場所の地図が貼ってあるか。
	緊急事態の知識	火災が発生したときの処理の仕方を知っているか。
		地震が発生したときの処理の仕方を知っているか。
		停電が発生したときの処理の仕方を知っているか。
		断水が発生したときの処理の仕方を知っているか。
		ガス遮断弁作動したときの処理の仕方を知っているか。
		台風時の処理の仕方を知っているか。

Ⅱ 店長レベルアップ

① タバコ

タバコの灰皿の清掃は必ず毎日何回か行って欲しい。特に事務所や休憩室の灰皿がいつも吸殻でいっぱいということはないだろうか。誰かが片付けてくれるだろうではいつまでたっても同じ状態で、気付いたときにしか掃除ができていない状態になってしまう。身近すぎてなかなか気付かない部分だけにルールを決めて灰皿がきれいな状態になるようにしてほしい。

毎日のサイドワークに組み込むか、図表45のように火元点検表を用いたり、オープン・クローズチェック表（図表46）に組み込むことによって管理を行ってほしい。

灰皿をクローズ後きれいに掃除し、その後、一服して吸殻を残したまま帰ってしまうというお店も多い。最後の従業員がお店を出るときには灰皿が空になっている状態を常に保つことだ。実際に灰皿を片付けずに帰り、

図表45　火元点検表

火元点検箇所	1	2	3	4	5	6	7	8	9	10
ガス元栓										
ガスコンロ										
フライヤー										
オープン担当者										
クローズ担当者										
クローズ責任者										

2　実力店長育成プログラム

図表46　オープンチェック表（オープン時にチェック）　　年　　月　　店

項　目	1	2	3	4	5	6	7	8	9	10	11	12	13	14	15	16	17	18	19	20	21	22	23	24	25	26	27	28	29	30	31
換気扇フロア																															
換気扇トイレ																															
コンセントA																															
コンセントB																															
機器																															
ガス元栓																															
ガススイッチ																															
アイスコーヒーマシーン																															
冷蔵ショーケースA																															
洗浄機																															
ダクト1																															
ダクト2																															
冷蔵庫ショーケースB																															
トイレチェック																															
エアコンスイッチ																															
エアコンスイッチフロアー																															
エアコンスイッチ事務所																															
フロアー床・テーブル																															
入口																															
火元点検																															
担当者																															
責任者確認																															

クローズチェック表（クローズ時にチェック）　　年　　月　　店

項　目	1	2	3	4	5	6	7	8	9	10	11	12	13	14	15	16	17	18	19	20	21	22	23	24	25	26	27	28	29	30	31
換気扇フロア																															
換気扇トイレ																															
コンセントA																															
コンセントB																															
コーヒーマシーンスイッチ																															
ガス元栓																															
ガススイッチ																															
アイスコーヒーマシーン																															
冷蔵ショーケースA																															
洗浄機																															
ダクト1																															
ダクト2																															
冷蔵庫ショーケースB																															
トイレチェック																															
エアコンスイッチ																															
エアコンスイッチフロアー																															
エアコンスイッチ事務所																															
フロアー床・テーブル																															
入口																															
火元点検																															
担当者																															
責任者確認																															

FAX用紙に引火した例や、側にあった雑誌に移ったケースもある。タバコが原因の火事は店舗でも思った以上に多い。たかがタバコでといわないでほしい。

最後に事務所や休憩室を出る人が必ず灰皿を確認するなどのルールを作ることだ。些細なことであり、当たり前のことだが、その当たり前のことが守れないと取り返しのつかない事故を招く。

② 消火器

消火器は年に最低2回は点検する。そして、全従業員が消火器の位置が分かるように、図表47のようにお店の平面図表を書き、消火器の位置を記入した表を事務所などに貼っておく。

また、消火器で注意しなければならないのは、水を良く使う場所の床に直接置かないことだ。水を使うところに直接置くと消火器の底がさびてしまい、いざ使うときに底が抜けてしまうこともある。消火器の使用時にかかる圧力は非常に高い。火事を見つけとっさに使ったときに、火を消す前に自分

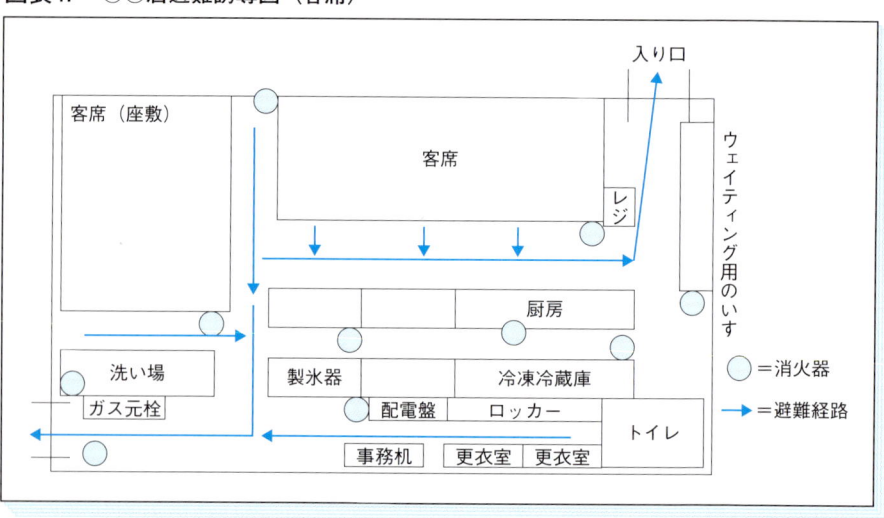

図表47　○○店避難誘導図（客席）

[図：店舗平面図。客席（座敷）、客席、レジ、入り口、ウェイティング用のいす、洗い場、ガス元栓、製氷器、配電盤、冷凍冷蔵庫、ロッカー、トイレ、厨房、事務机、更衣室を含む。凡例：○＝消火器、→＝避難経路]

自身が怪我をしてしまうことになる。

　水を使うところに置くときには必ず床より一段高い台の上に置き、水がかからないようにする。万が一、消火器を用いる場面が訪れたときに安全に確実に使えるようにする。

③　金庫

　お店のなかで起きる事故の大半はお金がらみである。お金に関しては疑われるだけでもお店の人間関係がぎくしゃくする。常日頃から事故が起こらない環境をつくることである。

　お金に関することは細かすぎることはない。チェック表で1つでもできていないようであればすぐに対処する。

　お店の金庫の番号を知っている人が異動したり辞めた場合には、すぐに番号を変更する。とくに最近はパート・アルバイトに時間帯責任者をやってもらっている例も少なくない。例え一人であってもお店から異動したときには変更する。また、そうでなくても年に1回は定期的に番号を変更して欲しい。その店で以前働いていた時間帯責任者が、社員のいない営業中にユニフォームを着て現れ、平然と金庫を開けて中のお金を持っていったという笑えない例もある。

④　倉庫

　店舗外にある倉庫は使用しないときには昼といえども常に施錠する。倉庫の鍵は責任者が保管し、使うときにだけ鍵を渡すようにしよう。商品も店舗（会社）のれっきとした資産ということを覚えていてほしい。お金と同じような意識で管理したい。

　営業中には倉庫まではなかなか目が行き届かないものである。店舗に車で乗り付け、倉庫内のトイレットペーパーを1箱盗んでいった強者のスタッフもいた。目の届きにくい部分だけに徹底した管理が必要である。

【防犯対策】

　防犯対策で重要なのはあらゆる意味でお店側の隙をみせないことだ。店舗に隙があると犯罪を起こす動機付けになってしまう。明るい店づくりや元気の良いあいさつなどで犯罪を起こせない防犯の1つである。

①　納金

　売上が2日以上のときや夜間金庫に納金する際には必ず2人以上で行く。夜間バックを運ぶ際には事故にあいやすいので特に注意することである。これは店長や社員であるあなただけでなく、時間帯責任者のスタッフにも必ず徹底させる。また、いつも同じ時間に同じコースで納金するのも避けたい。

②　強盗対策

　閉店後、道路に面した外から見えるところで堂々とお金の計算をしているのをみかけることがある。特に夜はお店の中は明るく、外を通る人から精算している姿がはっきりと見えている。これではお金を取ってくださいよといっているのと同じである。

　レジ精算を行うときには、シャッター、ブラインドやロールカーテンなどで外から見えないようにしてほしい。ブラインドなどがあるのに、面倒なため使っていない例も見受けられる。また、精算前にはトイレに人が入っていないかどうか確認するなど、スタッフに強盗対策はここまで注意しなければならないのかといった姿勢をみせることだ。

③　詐欺

　詐欺に関してはだまされない環境をつくることである。特にレジ釣銭でのトラブルが多い。

　高額紙幣の時には必ずお客様に、もしくはお客様と一緒に確認することと、お客様からお札を預かった際にはお釣を返す前にレジ内にしまわないことである。たとえ1,000円札であってもレジの上にマグネットで置くか、お

札入れにいったんはさみ、お金のやり取りが完全に終わってからしまうルールを作ることである。

　金銭のやり取りが終わる前にしまってしまうとスタッフが受け取ったのは5,000円なのに、お客様が「あれ今の10,000円じゃなかった」というトラブルに発展しやすい。特にベテランのスタッフになればなるほどレジでのやりとりを急いでしまう傾向が多いので注意が必要である。

　また、電話による詐欺にも注意したい。本部の人間を名乗り「水道代が払われていないので至急お金を指定した場所まで持ってくるように。店長には伝えてあり了承を得ている」といったやり方でお金を騙し取るケースもある。

　お店ではお客様以外のお金のやり取りがないのであれば、確実にそのことを全ての従業員に知らせ理解させることだ。相手の要求する額は５万円前後と比較的レジなどから払いやすい金額を要求してくる。そのために案外だまされやすい。どんなことがあってもお金を持っていかない。すぐに店長や上司に連絡するルールを作ることだ。

　また、会社の経理を名乗り金庫の中身を見せてくれといった例もある。どんなことがあってもお金に関することはまず本部や店長に確認を取らせるシステムを作る。システムといっても難しいことではない。紙に書いて掲示し、全員に読んでもらい、理解したかどうかを一人ひとりに確認していく。

④　防火対策

　火は一瞬にして全ての物を消し去る。火事を起こすと自分のお店はおろか、周りの人や建物をも巻き込んでしまう。防火対策は自分のお店だけの問題ではない。火災については防火設備やメンテナンスについての知識とともに、火事を起こさないように常日頃からチェックする。

⑤　防火管理責任者

　防火管理責任者の資格は自分自身がまずは取得し、防火に関する知識を持つことである。それとともに、あなたの部下にも資格を取らせる。

防火管理責任者の資格をとるのに現在２日間かかる。店長になるとなかなか時間を思うようにとれない。部下のスケジュールを組み取得させることもあなたの義務である。また、できる限りスタッフの時間帯責任者であっても積極的に防火管理責任者を取らせるようにしたい。防火に対しての知識を多くの者が持つことは、お店や会社にとっての大きな財産となる。

　⑥　フロアー・バックヤード
　防災設備チェックを月に１度、少なくとも年に２回は行う。特に防火扉の周辺に荷物が置いてあることを良く見かける。消防署の査察時だけでなく、普段から防災の意識付けをするようにしたい。また、メンテナンスを定期的に行うようにしたい。
　各設備の位置や使用法については全員が知っているようにする。自分一人が知っていても何の意味もない。必ず誰もが分かっている状態にしなければならない。

　⑦　その他
　クローズ時には防火点検表（図表48）を用いて最終確認をしてほしい。その際に店舗周辺にダンボールや新聞紙が落ちていないかの確認も必要だ。店舗周辺に置いてあった段ボールなどに衝動的に火をつけてしまう放火例も多い。どんなに些細なことでもできることは全て行って防ぐことである。

【人・物・金の管理】

　日々の営業に追われてしまうとペーパーワークや管理がおろそかになってしまうことがある。忙しいことを理由にして適当に管理してしまうことで、「今回はいいや」というのが当たり前となり、皆がだらけて事故や不正が起きやすい環境になってしまうことがよくある。ここまでするのかというあなたの厳しい姿勢を常にみせることが事故を未然に防ぎ、不正の起きないモラルの高いお店ができるのだ。

図表48　防火点検表

	ガス元栓	ガス遮断弁	配電盤	ごみ	タバコ	店舗周辺	点検者	確認者
1								
2								
3								
4								
5								
6								
7								
8								
9								
10								
11								
12								
13								
14								
15								
16								
17								
18								
19								
20								
21								
22								
23								
24								
25								
26								
27								
28								
29								
30								
31								

Ⅱ　店長レベルアップ

① 人

　パート・アルバイトの採用時には履歴書とともに身分証明書のコピーを取る。これは履歴書の内容を疑えということではない。履歴書の年齢を詐称しているケースもあるからだ。大学4年生では採用されにくいと思い学年をごまかしたり、極端な例では10歳も年齢を下にしていた例もある。

　できれば、写真つきの免許証や、学生は学生証のコピーを用意してもらいたい。保険証では姉の名を語ったり、弟を名乗ったりすることもある。

　また、高校生を採用するときには必ず親の承諾を得て欲しい。親権者承諾書を書いてもらったり、または採用の電話をする際に親に確認をとったりするようにしたい。「うちの親はアルバイトすることを認めていて大丈夫です」という本人の言葉だけで採用し、ある日突然店に親が乗り込んできて連れ戻された例もある。これではお店や会社の姿勢を疑われかねない。

② 物

　搬入時の検品は必ず納品業者と一緒に行う。数量、品質や賞味期限をみていく。数量は納品伝票と発注書と照らし合わせる。割り箸を100本発注しているのに、伝票に100ケースとなっていたりすることもある。実際の月末の棚卸で初めて気付くというのでは遅すぎる。

　また、賞味期限ぎりぎりの商品が納品されることもある。納品業者任せにするのではなく必ず店舗側で確認する。ここまですると納品業者もこのお店はしっかりしているという印象を持ち、納品の際に十分注意するようになり間違いがなくなる。

　あまり細かく確認すると業者を疑っているようで悪いと考えるかもしれない。だが、それでは業者のたまたまのミスで、何かあった場合、かえって人間関係を悪くし、こちらが望んでいないものが納品されたときに何も言えなくなってしまう。仕事においては変な気遣いをしないほうが良い。

　また、棚卸は食品・食材はもちろん、食器類やユニフォームも年に2回以上は棚卸しをして数量を確認する。見落としがちだがユニフォームは考えて

いる以上に金額が高い。辞めた人が返却しなかったり、また知らぬ間に一人で2着、3着も持っているという例もある。ひどい例では20着も予備があるはずなのに新しくスタッフを採用しユニフォームを渡そうとしたら店舗に1着もなかったということもある。

数量は常に把握する。倉庫も常に整理整頓し、どこに何があるかすぐに把握できる状態にする。何がどこにあるかが誰もわからないようだと1つぐらいなくてもいいだろうということになりかねない。

③　金

お金に関することは前にも述べたがトラブルの種になりやすい。しっかりとした管理が必要となる。レジに高額紙幣をためないようにする。これは衝動的にスタッフがお金を取るようなことを防ぐためだ。レジに高額紙幣がたまったらそのつど回収し、金庫にこまめに移す。

また、レジには図表49のようなものを用意して、高額紙幣が今このレジにはいくらあるのかをレジを打っている人にも把握させることによって未然に事故を防ぐことができる。

お金に対する注意はしてもしすぎることはない。こんなに管理するのですかと言わせるぐらいの気構えが必要である。そのためにも1日に何回かはレジの点検することだ。図表50のような用紙を用いてレジ点検をする。

キャンセルレシートや両替キーなどでドロアーを開けた際には、必ずそのキーを押した人の取扱者の名前を記入し、封筒などに入れレジ内に保管する事が大切である。これは責任の所在を明らかにするとともに、お金を取り扱う際の厳しさを分かってもらうためである。

小口現金を扱う際にも店舗ごとにルールを決め、余計なものを買わせない。必ず責任者が管理し、小口現金を使用する際には許可をもらってからという習慣付けをさせよう。何かあると安易に小口現金を使う例も見受けられるが、これもやめたほうがいい。小口現金自体はそれほど大きな金額ではないが、小さなことでも厳しく管理していることをみせることだ。

図表49　高額点検表

OPEN	1	1	1			
11時						
12時						
13時						
14時						
15時						
16時						
17時						
18時						
19時						
20時						
21時						

1＝1万円札がレジに入ったことを表す
図の時点では1万円札＝3枚あることを確認する
1万円札を金庫へ移した時には
数字に斜線を入れる
〆〆〆

【従業員の知識】

　何度も繰り返しになるが、安全管理は自分だけが知っていればそれでいいものではない。必ず全従業員に知ってもらうこと、そして、実際にできることが大切である。
　① 一人ひとりに緊急時に関する知識があるか。
　② 店舗での緊急時の対処方法のルールを決めておき、そのルールを知っており実際にできるか。
　この2点からトレーニングしていくことだ。

　① パート・アルバイト・緊急事態の知識
　パート・アルバイトに対しての教育は入店初日から行うことである。新人

図表50　レジ点検表　　　　　　　　　　　　　　点検日時　　月　　日　　時

金種	枚数	金額	金種	枚数	金額	合計	金庫内	レジ内合計現金	
10,000円			10,000円					金庫内現金	
5,000円			5,000円					合計	
2,000円			2,000円						
1,000円			1,000円					釣銭準備金	
500円			500円					売上現金	
100円			100円					売上合計	
50円			50円					過不足	
10円			10円						
5円			5円					点検者	
1円			1円					責任者	
金券			金券						
合計現金									
売上									

　だから知らなくてもいいのではなく、新人だからこそ知ってもらうことだ。トレーニングの方法としては自店用の図表51のように緊急時の対処フロー（流れ）を作成し、対処の仕方を標準化したうえで教えていくことだ。

　また、フローについては、社員・時間帯責任者用と、パート・アルバイト用の２つに分ける。なぜならば、入ったばかりのパート・アルバイトが自分自身の判断で消防署に電話するという手順は現実には則さない、むしろその場にいる時間帯責任者に報告することが大切である。

　このフローは必ず各店舗（各会社）にあったものを各自作成して欲しい。項目としては、火災、地震、台風、停電、断水、ガス漏れ警報器の作動、強盗やお客様が店内でケガをした時、従業員がケガをしたとき、泥酔者が入店を求めてきたとき、未成年がタバコを吸い始めたときなど、考えられることを全てフローにすることで誰もが対応できるようにする。

　また、図表52のように安全管理のトレーニングツールを作成し、入ったばかりのパート・アルバイトにトレーニングを実施するとともに、ベテラン

図表51　緊急時の対処フロー

```
┌─────────────────────────┐
│     緊急時の対処法       │
└─────────────────────────┘
           ↓
┌─────────────────────────┐
│   地震の時どうしますか？  │
└─────────────────────────┘
           ↓
┌─────────────────────────┐
│        落ち着く          │
└─────────────────────────┘
           ↓
┌─────────────────────────┐
│   火を消す、余震に注意    │
└─────────────────────────┘
           ↓
┌─────────────────────────────┐
│ お客様とパート・アルバイトの避難 │
└─────────────────────────────┘
           ↓
┌─────────────────────────────┐
│ ■パート・アルバイトの人数確認  │
│ ■店舗区域内の避難場所への誘導  │
│ ■被害状況・復旧見込みを把握する │
│ ■正確な情報収集、連絡を行う    │
└─────────────────────────────┘
```

　パート・アルバイトにも定期的にトレーニングと確認をしていくようにする。このトレーニングツールは昇格テストに組み込むなどして消火器の扱い方や場所、避難経路などは誰でも対応できるようにする。

　また、お店での避難訓練、消火器の扱い方等のテストを年2回程度実施して、いつでも十分な対応ができるようにしておこう。気付いたときに安全に関することをトレーニングするのではなく、トレーニング内容を標準化して仕組みとすることが重要なのだ。

2　実力店長育成プログラム

図表52　安全管理のトレーニングツール

備品の管理

消火器の使い方を知っている

□使い方を知っている。
□置き場所を知っている。
□使用期限を知っている。

消火器は、火災のごく初期の段階での消火手段として、威力を発揮します。ホール、バックヤード、またいざという時、実際に使用可能な場所に設置し、付近には標識を設置することが必要です。

□有効期限をよく確かめること。

□置き場所を覚えていますか。

□使用方法を知っていますか。
　1．安全ピンを抜く。
　2．ノズルを火点に向ける。
　3．レバーを強く握る。
　4．ノズルを左右に振り、火元を掃くように燃焼物に直接放射する。

《まとめ》

　安全管理は何も起こらないとついつい疎かにしがちである。もしも、あなたのお店が明確な安全管理を実施していないならば、事故や不正が起きないのはたまたま運がいいだけだと考えたほうがよい。そのようなお店では、知らぬ間に事故や不正が起きやすい環境になっていることを自覚するべきである。今からでも遅くはない、すぐに取り組んで欲しい。

　安全管理とは何も特別なことをすることではなく、当たり前のことを当たり前に実施していく仕組みを作ることだ。

《ポイント》

1　未然に防ぐルールをつくる

　安全管理は起きてからでは遅すぎる。起こさないようにすることである。そのためには未然に防ぐルールを作ることだ。ちょっとしたことでも守れているかどうかが大切である。

2　仕組みにする

　ルールを決めたならばそれが徹底されるようにすることである。そのためには意識して行うことではなく、意識せずともできるように仕組みにすることである。流れにして、日常の業務に組み込むことが大切である。

3　事故が起きたときに対応できるようにする

　何か起きたときにすぐに対応できるようにすることである。そのためには誰もが分かるように起きたときの対応法を決め、全員に徹底することである。

実力店長育成プログラム6
「クレーム対応法」

《基本的な考え方》

　クレームは必ず起こる。お店を営業するうえでは避けて通れないと考えた方がよい。

　今までクレームを経験したことがない人はおそらくいないだろう。クレームは対応の仕方がなかなか難しく、これといったクレーム対応の明快な回答が見つけづらい。店長として、自分自身は経験上クレームの対処法をなんとなく分かっていながらも、そのことを新人に教えるのも難しい。

　クレームに対する明確な処方箋があればどんなにいいことだろう。だが、ないからこそ考えなければいけないのが「クレーム」である。クレームに関してのポイントは大きくは2つ（図表53）、第1にクレームを未然に防ぐことであり、第2に起きたときのすみやかな対処である。

　図表54のチェックをしてもらいたい。どれだけクレームを意識していただろうか。

《具体的な進め方》

【クレームが起きたときは】

　実際にクレームが起きたときの対応法から見ていきたい。クレームの対応時に頭に入れておいて欲しいのは次の10項目である（図表55）。この10項目ができるように常日頃からパート・アルバイトへのトレーニング（知識と実践）が必要である。それでは1つずつ見ていこう。

① 落ち着く：お客様がどんなに感情的になっても、あなたは冷静に問題がどこにあったのかを確認する。ただ「すみません、すみません」というのではなく、落ち着いた態度で話を聞くことにより、お客様も次第に冷静になり

Ⅱ 店長レベルアップ

図表53 クレームのポイント

> クレーム
> 1．未然に防ぐ
> 2．起きたことに対処する

図表54 クレーム対応のチェック：当てはまることろに○をつけてみましょう

1	クレーム対応が苦手だ	
2	クレームが起きるとあたふたしてしまう	
3	クレームが起きてもパート・アルバイトの対応させてしまう	
4	クレーム対応の手順がない	
5	クレーム報告の流れがない	
6	クレームが起きても報告していない	
7	クレームの初期対応でうまくいかないことが多い	
8	クレーム事例を集めていない	
9	クレームのトレーニングをしていない	
10	クレーム対応は行き当たりばったりである	

※○が1つでもついたならば、もう一度お店を見直しましょう。

図表55 クレームの対応

①落ち着く
②真剣に聞く
③否定しない
④内容を確認する
⑤お客様の立場に立つ
⑥5差別をしない
⑦口論をしない
⑧優先順位の一番にする
⑨約束する
⑩第三者にならない

話し合いができるようになる。あなた自身が落ち着かなければ、どんな小さなクレームであっても判断を誤り、大事に至ってしまう。最初の場面でどれだけ落ち着けるかが、今後の対処に対してのポイントとなる。

② **真剣に聴く**：どんな些細なことでも真剣に聴くこと。お客様の話し方からそれほど気にとめていないなと感じたとしても、立ち話程度の感覚で終わらせようとしてはいけない。あなた自身が「なんだその程度のことか」と感じてもお客様の立場に立って聴くことだ。

あなたがどれだけ真剣に聴いているかどうかは不思議とお客様に伝わる。あなたの感じる些細なことと、お客様の感じる些細なこととは、必ずしも一致しないことに注意すべきである。

③ **否定しない**：お客様の言っていることを理解する。店舗側の都合や問題はお客様には全く関係ないことであり、言い訳をしたり反論をしたりは絶対にしない。お客様の話されたことに対して同意することである。ただし、お客様の言っていることが事実なのか意見なのかを区別して聴くことが必要である。

④ **内容を確認する**：具体的に詫びる。そのためにクレームの内容をしっかりと把握し、お客様が何に不満を感じているのかを確認する。内容を確認しなければ、お客様から仕方なく謝っているのだと解釈され、さらに誤解を招くことになる。

⑤ **お客様の立場で考える**：お店の都合、会社の都合を考えるのではなくお客様の立場で考える。今日はスタッフの人数が少なかったのだからしょうがない、新人ばかりなのだからしょうがないといったお店側の都合で考えてはいけない。あなたがお客様の立場だったら「それなら仕方がないな」と言えないだろう。

⑥ **差別をしない**：小学生だから、中学生だから、年配の方だから、ちょっとみなりがだらしないから、といった理由で人を差別をしてはいけない。人を外見で判断したり差別することは店長としてあるまじき行為だ。

もしもあなたが差別した態度を見せたとしよう、彼ら彼女らはそのことを

家族や知人や友人に話すだろう。同じように家族、知人や友人はそれを聞いて他の人に言いかねない。目前のお客様の後ろには多数の潜在顧客がいることも考えておかなければならない。

⑦　口論はしない：責任者であるあなたがお客様と感情的に口論しても何の解決にもならない。たとえあなた自身が口論で勝ったとしても、それはただの自己満足に過ぎず、大切なお客様を失うことになる。お客様は話をしたことですっと怒りが収まることも少なくない。

⑧　優先順位の一番にする：クレームは何を置いても第一に対処すること。今忙しいからあとで対処しようではお客様の怒りは増幅するのみだ。お客様からのクレームの電話に対して「今、店内が忙しいのであとでおかけ直しします」といって大きな問題になった店長もいたが、これでは責任者失格である。

⑨　約束する：クレームを言うお客様には、本当にお店に良くなってもらいたいがために、言いたくないがあえて言おうという方も少なくない（本当にお店に対して愛想をつかしている場合には何も言わずに二度とお店を利用しないだろう）。お店のことを親身になって考えてくださっているのだから、同じ過ちを二度と繰り返さないことをお客様との間で約束すること。お客様が指摘したことが必ずお店の役に立ったと感じさせることが大切であり、また、意見を十分に生かすことだ。

⑩　第三者にならない：クレーム初心者が対処する際によく聞かれるのが「上の者に申し伝えます」「お店（会社）の決まりです」「これを作ったのは当店ではございません」などという言葉ですが、これは厳禁である。あなた自身このようなことがないようにするだけでなく、部下に対して徹底させることだ。お客様にとっては言い訳している、ただ逃げているとしか思われず、悪い印象こそ与えても決して良い印象は与えない。自分自身のことと正面から受けること。

　以上の10項目を頭に入れて意識してほしい。意識しても、その場になった

ときにはなかなか対処ができないものである。特に新人スタッフはクレームが来た時に頭が真っ白になってしまうことが多い。そうならないためにも、最低でも「上司にすぐに報告させる」ことを徹底させよう。

　スタッフには、最初はどんなに些細なことでも報告させる習慣づけを行う。スタッフ自身が大したことではないと考えていても、実際には大きな事態を招くことも少なくない。必ず報告させ、そしてその報告を店長であるあなた自身が必ず聞くことである。決して「そんな程度のことを報告するな」という態度をとってはならない。二度と報告をしてくれなくなるだろう。

　その情報が必要か不必要かの判断はあなた自身が決めることであり、報告するスタッフには判断させない。例えスタッフが過ってお客様のワイシャツに小さなシミをつけてしまい、そのお客様が「気にしなくてもいいよ」と言ったとしても、最後のお会計にあなた自身がそのお客様と接する際に一言添えるか添えないかではお客様の印象も変わってくる。店長であるあなたが何も知らないのでは新たなクレームとなる（なんだこの店の店長は、俺のワイシャツにシミをつけておきながら謝罪のひとつもないよ等）こともある。

　また、あなた自身も当然上司に報告することは忘れてはならない。クレームではお客様がお店にではなく直接本社に連絡をすることも多い。本社に連絡した際に、本社の人間がなにも知らなかった、報告を受けていないではクレームが大きくなることもあるし、事情を知らないまま対処するわけだから、対処方法を間違えてしまうこともある。クレームを上に伝えるのは抵抗（特に明らかに自店にミスがある場合など）があるかもしれないが、悪い情報こそできるだけ早く伝えることである。

【クレーム事例集】
　クレームの対処をトレーニングするときにマニュアルはあまり役に立たない。クレーム対処法の本を読んでもなかなか書いてある通りの流れに沿っての対処がしにくい。多くのマニュアルや本は、知識を与えてくれて有意義ではあるが、実践ではなかなか反映しにくい。

では、トレーニングは一体どのように行うべきなのだろうか。実践で鍛えるのも１つの方法だが、それではクレームに対するトレーニングとしての効率はすこぶる悪い。ここではトレーニング方法の１つとしてロールプレイングを行う。そのためにはまず実際に起きたクレーム事例を他店のも含めてとにかくたくさん集めることである（図表56）。

　図表57のような事例のフォーマットを作成し、これに記入していく。記入するのはクレームを実際に対応した人で、できるだけ細かく書いてもらう。集めたならば、これを項目に分ける。まずお店のみで対処できるかどうか、お店で対処できるものをさらに、①商品に関すること、②サービスに関すること、③清掃や衛生に関することの３つの大項目に分類していく。

　実際に分類してみると分かることだが、店舗内において多くのクレーム事例は実は似たり寄ったりであり原因や対処法も似ていることが分かる。こうして事例をまとめることによって自店用のクレーム事例集ができる。この事例をもとにして、ロールプレイングによるトレーニングを行う。

　事例集の中から特に回数の多い事柄から優先的にトレーニング（ロールプレイング）することである（図表58）。３人ひと組になってお客様役、従業員役そしてそのやりとりをチェックする役と三役で行っていく。テーマを決めて、お客様役に対して従業員役の人が10項目に沿っているのかどうかをチェックしていく。このようにロールプレイングを通して擬似体験をさせることによって、実際のクレームが起きたときに活用できるようにする。

　ポイントとしては、最初からクレームに対する対処法を先に教えてしまうのではなく、従業員役の人に考えて対処してもらうことだ。実際に答えを教えずに行うことによって、弱点や良い点も見え実際の時の対処法も分かるのである。自分で考え実行させることである。

　事例集からロールプレイングによるトレーニングを実施することが１つと、もう１つは原因がはっきりした場合には改善することである。

　クレームが起きた後にはどんな小さな事柄でもお客様に対して直筆の手紙を書くことである。手紙を書くのは店長とクレームの当事者である。手紙を

図表56　クレームの事例

クレーム事例集	
発生店舗名　　　　　　店　　　　　　記入者	
発生日時　　　年　月　日（　）AM／PM　　：　頃（アイドル時・ピーク時）	
クレーム内容　（どういう状況でどうなったことでクレームになったのか？） 　　　　　　　　　　　　　店長は　いた時間帯である　・　いない時間帯である	
初期対応の状況　（初期対応として、どのような対処をしたのか？） 　　　　　　　　　　　　　初期対応者名	
初期対応後のお客様の状況　（初期対応をした結果、お客様の反応は？要求されたことは？） 	
２次対応の状況　（初期対応で治まらなかった際の２次対応をどのように行ったのか？） 　　　　　　　　　　　　　２次対応者名	
その後の状況　（店舗で対応した後の状況から最終的にどうなったのか？　金銭の発生など） 	
金銭の発生 　　　　　　　　　　　　　　　　　　　　　　　　　　　　　　　　　円	
発生した（クレームとなった）原因　（店舗（店長）はどのように捉えているのか？） 	

図表57　クレームの分類

接客態度が悪い…

| 発生店舗名 | 発生日時　年　月　日（　）　時頃 |

クレーム概要
原因　店員の態度が悪いとお客様に指摘された。

初期対応　すぐに謝罪するも、お客様の怒りが収まらず、わめきちらされた。

最終対応　社員がすぐにかけつけ、お客様と店員の間に入りお詫びをした。

・上記のクレーム対応の機会点・問題点はどこにあるのでしょう？
・あなただったらどのように対処しますか？

対応上の機会点
・社員がすぐにかけつけるのは望ましい。

対応上の問題点
・態度が悪い場合よほどのことがないとクレームにまで発展しません。お客様に対して必ず態度を改める旨も伝えること。

対処方法
1）責任者がお客様のそばにかけより、事情を伺う。
2）責任者と該当する従業員とともに謝罪する。
3）お帰りの際にも再度謝罪する。

書くことにより、こんな小さなことでも「誠意を持って対処してくれるお店なのだ」とファンを増やすことができる。だが、手紙には他にも意味がある。それは手紙を書くことによってクレーム事例を復習することができるのと、もう1つは次に述べるクレームを未然に防ぐ効果がある。

　手紙を書くことは非常に苦痛である。普段書きなれない、しかもお客様に対して送るのに文章を考えたりするため非常に手間がかかる。できれば手紙を書きたくない、と感じるからこそ同じクレームを発生させないように当事者であるスタッフは注意するようになる。

　手紙を書くことを店舗のルールにすることをおすすめする（謝罪の手紙の文例をいくつか作っておくと、取り組みやすい）。

図表58　クレームに対するロールプレイング

```
┌─────────────────────────────────────────────┐
│         ロールプレイング　フィードバックシート      │
│              商品に対するクレーム               │
│                                             │
│            　　　さんへ　　　　　　　　より       │
└─────────────────────────────────────────────┘
```

落ち着く	1・2・3・4
真剣に聞く	1・2・3・4
否定しない	1・2・3・4
内容を確認する	1・2・3・4
お客様の立場に立つ	1・2・3・4
差別をしない	1・2・3・4
口論をしない	1・2・3・4
優先順位の一番である	1・2・3・4
約束する	1・2・3・4
第三者にならない	1・2・3・4

良かった点

問題点

また、この店員のお店に来ようと｛思いました。／思いませんでした。｝

【未然に防ぐ】

　クレームは起きたときの対応が重要だが、一番大切なのはクレームを未然に防ぐことである。未然に防ぐためには、お店が顧客満足の3段階（図表59）の第1段階「お客様が不満に感じさせない」レベルにあるかどうかを見ることである。自店の基準（＝お客様が不満に感じないレベル）が守られて

図表59　顧客満足の3段階

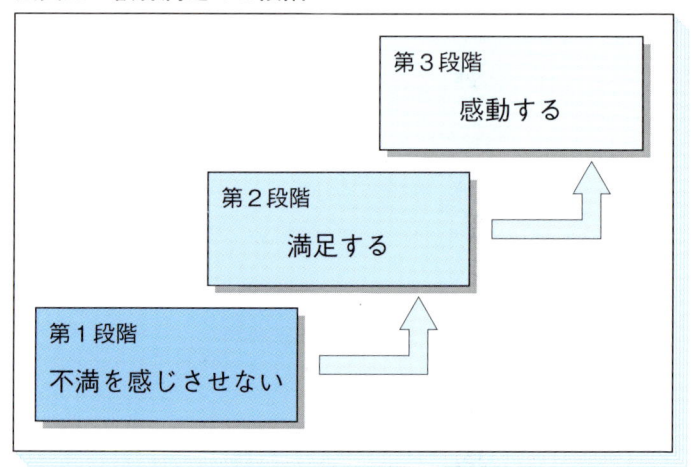

第3段階　感動する

第2段階　満足する

第1段階　不満を感じさせない

いるかどうかを見ていくことによって、お店のクレームの起こりにくい環境を作るのである。

① 店舗の基準をチェックする

　お客様が不満に感じなければクレームを言うことは少ない。まずは自店の基準をミーティングにより意志統一、または作業手順書やマニュアル等によって明確にすることである。次にこの基準が守られているかどうかをチェックし、守られていない部分を改善していく。

　お店の基準が守られているかどうかを見るのに1つはあなた自身のプロの目で見ていくことである。スタンダードレポート（図表60）を用いてお店の基準が守られているかどうかを判断する。

　スタンダードレポートを作成するうえで大切なのは、できるだけ数字で判断していくことと、各項目の基準を考えながら進めることである。また、見る人によって基準のばらつきをなくすことが大切である。店長が一人で判断するならば必要ないが、複数の人で見るときには基準合わせが必要となる。これはチェックする人達で一緒に店をみて基準合わせをすることで達成でき

図表60-1　スタンダードレポート（飲食店用）

ホールQ、Sスタンダード評価表	OK	NG	コメント欄
(1) 盛り付け量 盛り付け量は基準通りか。			商品基準書通りか。
(2) 商品温度 でき上がった商品がいつまでも置かれていないか。			2分以上置かれていたらNG。
(3) 身だしなみ ホール担当の身だしなみは基準通りであるか。			一人でも欠けていたらNG。
(4) サービス用語 サービス用語はきちんと使われているか。			全員サービス用語を使っている。
(5) おすすめ おすすめはできているか。			おすすめ商品をすすめている。
(6) 言葉づかい 言葉づかいは丁寧であるか。			乱暴な言葉をつかっていない。
(7) スタッフ同士の呼び方 さん、役職名をつけて呼んでいるか。			全員が守られている。
(8) お客様に対する言葉がけ お客様の後ろを通るときには声をかけているか。			後ろを通る際にはきちんと声を掛けている
(9) 注文の復唱 お客様の注文を復唱、確認しているか。			注文は必ず復唱している。
(10) 会計 お会計はレジマニュアル通りに行われているか。			レジマニュアル通りに行われている。
(11) 電話応対 電話の受け答えはきちんとできているか。			電話応対マニュアル通りである。
(12) 商品提供 商品提供は丁寧に行われているか。			商品を乱暴にテーブルに置いたりしていない。
(13) グラス・食器 グラス・食器は欠けたものや、汚れている物は使っていないか。			一つでも欠けていたらNG。
(14) ＢＧＭ ＢＧＭの音量は適当であるか。			必要以上に音が大きくない。
(15) ＢＧＭ ＢＧＭの選曲は守られているか。			有線の18番である。
	点／75		％

OKは5点　NGは1点

Ⅱ 店長レベルアップ

図表60－2　スタンダードレポート（小売店用）

	大項目	中項目	小項目	チェック点	得点	周知しなくては、いけないこと	
C	掃除	駐車場	雑草・空き缶・ガム・廃棄物・吸殻・自転車の整理状況	1個あったら、減点1	5・4・3・2・1・0		
C	掃除	風除室	きれいな状態である（床、ガラスの汚れ、レール、ゴミ箱、マット、傘たて）	1個あったら、減点1	5・4・3・2・1・0		
C	掃除	トイレ	綺麗な状態である（便器、床、手洗い、ゴミ箱、備品、鏡、照明）	1個あったら、減点1	5・4・3・2・1・0		
C	レジカウンター	その他周辺	整理整頓・清掃状況（テープ跡、ポップ破れ、ゴミ箱、カウンター汚れなど）		3・0		
C	レジカウンター	レジつり銭	札の向きは、顔が全て手前に来ているか		3・0	札の入れ方の周知	
C	バックヤードの整理	床	商品、ゴミが床に落ちていないか	1個あったら、減点1	5・4・3・2・1・0		
C	バックヤードの整理	通路	台車が通れる幅がある		3・0		
C	休憩室	冷蔵庫内	全部名前が書いてある		3・0		
C	休憩室	テーブルの上	ファイル、ノート以外の不要な物は無く、整理されているか		3・0		
C	休憩室	清掃状況	床にゴミは落ちていないか	1個あったら、減点1	5・4・3・2・1・0		
C	休憩室	ゴミの分別され、缶、ペットボトル、弁当殻つぶす	100％されているか	1つでも駄目なものがあったら0	3・0		
C	休憩室	連絡ノートと月間スケジュールボード	1週間以内の情報が記載されているか	サインされている。書かれている。	3・0		
C	喫煙場所	灰皿	所定の場所に管理されているか	1つでも駄目なものがあったら0	3・0	筒型の灰皿はお皿型に変更	
C	喫煙場所	床	ゴミ・吸殻が落ちていないか	1つでも駄目なものがあったら0	3・0		
C	事務所・店長デスク	事務所内	整理整頓・清掃状況（ミスコピーの保管、コピー、ファックスに書類がたまってない、商品が無い）		3・0		
C	事務所・店長デスク	店長、事務所デスク上	整理整頓・清掃状況（空き缶、商品、ファイルされていない書類、私物、パソコンがきれい）		3・0		
C	事務所・店長デスク	店長、事務所デスク中	整理整頓・清掃状況（私物、商品）		3・0		

る。

　お店の基準の維持に努める際にはスタンダードレポートのような基準を持って判断してほしい。基準がなければ店長は商品についてはうるさく見るけど、他のスタッフは商品に対しての基準が甘いということにもなりかねない。

②　プロの目・お客様の目
　店舗を店長や本部の目で見ていることは多いが、プロの目だけで見ていると知らず知らずのうちにお店の都合だけで見ていることになりかねない。また、お店側では良かれと思ったことも、実際にはお客様の側からは支持が得られていないこともある。

　大切なのは、お客様の目で見ることである。その方法の１つは店舗チェックシート（図表61）による店舗観察である。お客様の立場で自店を利用しその内容から改善点を見つけ出す。

　ここでの店舗レポートはスタンダードレポートのように数字でみることではなく感覚的に判断することである。自分（自店）の都合で見てしまうのを無くすために、他店のスタッフにチェックしてもらうと効果的である。

　本当にお客様の声を拾うならば一番効果的な方法は実際のお客様に店舗をチェックしてもらい、生の声を１ヶ月に一度程度の割合で見てもらうことだ。

　お客様の声を集める方法にお客様アンケートをあちこちの店舗でよく見かけるが、アンケートはよっぽど不満に感じた人や逆に感動した人が意見を書くことが多く、極端な意見のみに偏ってしまうことがある。

　また、お店にただ置いてあるだけでは回収も思うように進まない。このような顧客満足度調査やお客様アンケートを実施した際に注意したいのは、必ずお客様にフィードバックすることである。意見を集めただけで終わりにすると、お客様は「なんだこのお店は人に意見を求めておいて何も改善してく

Ⅱ　店長レベルアップ

図表61-1　店舗レポート（飲食店用）

店名：		従業員数　　　人
混雑具合：　混雑　・　半分位　・　空いている	訪問日／時間	月　日　時　分頃

	【お出迎えとご案内】　　※接客した方の名前を記入してください。	名前「　　　　　　　　　」
1	店に入ったらすぐに従業員が出迎えてくれた	《はい・いいえ》
2	「いらっしゃいませ」はお客さまの方を見て笑顔で言っている	《はい・いいえ》
3	案内の際にテーブルに手を差し伸べてくれた（「こちらの席でよろしいでしょうか」と言われた）	《はい・いいえ》
	お出迎えとご案内の全体評価	《満足・やや満足・普通・やや不満・不満》

	【注文の承り】	
4	注文のたびに「はい」と返事している	《はい・いいえ》
5	注文の復唱をしている	《はい・いいえ》
6	「ご注文の際は白いボタンでお知らせくださいませ」と手でボタンを示している	《はい・いいえ》
	注文の承りの全体評価	《満足・やや満足・普通・やや不満・不満》

	【商品の提供】	
7	商品を静かに置いている	《はい・いいえ》
8	提供時料理の名前を正確に伝えている	《はい・いいえ》
9	料理をメニューの上には置いていない	《はい・いいえ》
10	提供後、注文の品が全部そろったか確認している	《はい・いいえ》
11	食事の提供時間は満足のいくものである	《はい・いいえ》
	商品提供の全体評価	《満足・やや満足・普通・やや不満・不満》

	【中間下げ・お会計・お見送り】	
12	お会計はスムーズである（レシートはこちらから言わずにくれた）	《はい・いいえ》
13	退店時に従業員に挨拶された	《はい・いいえ》
	中間下げ・お会計・お見送りの全体評価	《満足・やや満足・普通・やや不満・不満》

	【従業員の態度】	
14	無愛想な従業員はいない	《はい・いいえ》
15	従業員の身だしなみは不快感がない	《はい・いいえ》
16	声をかけるとすぐに反応してくれる	《はい・いいえ》
17	従業員同士のおしゃべりはない	《はい・いいえ》
	従業員の態度の全体評価	《満足・やや満足・普通・やや不満・不満》

	【クオリティ】	
18	盛り付けは丁寧か（小鉢、漬物、全て）	《はい・いいえ》
19	お値打ち感はあるか	《はい・いいえ》
20	商品は適度な温度で出てきた	《はい・いいえ》
21	商品は適度なボリュームである	《はい・いいえ》
22	商品の見た目はメニューと同一である	《はい・いいえ》
23	御飯は美味しかった（炊き具合）	《はい・いいえ》
	クオリティの全体評価	《満足・やや満足・普通・やや不満・不満》

	【クレンリネス】	
24	店内の清掃状態は良い	《はい・いいえ》
25	トイレはきれいであった	《はい・いいえ》
26	カスターセットは汚れていない	《はい・いいえ》
	クレンリネスの全体評価	《満足・やや満足・普通・やや不満・不満》

2 実力店長育成プログラム

図表61-2 店舗レポート（小売店用）

店名：			従業員数　　　人
混雑具合：	混雑 ・ 半分位 ・ 空いている	訪問日／時間	月　　日　　時　　分頃

	【従業員】	右にいいえの理由を記入してください
1	従業員は全員名札をつけていた	《はい・いいえ》
2	従業員の身だしなみは、清潔感があった	《はい・いいえ》
3	従業員は全員元気よくあいさつしていた	《はい・いいえ》
4	従業員の私語がなかった	《はい・いいえ》
5	従業員は、声をかけるとすぐに対応してくれた	《はい・いいえ》
6	従業員の言葉遣い・対応は親切だと感じられた	《はい・いいえ》
7	「また、どうぞご利用くださいませ」といわれた	《はい・いいえ》
	従業員の全体評価	《満足・やや満足・普通・やや不満・不満》
	【接客】　　　　※接客した方の名前を記入してください。	名前「　　　　　　　　　」
8	精算時の対応は親切であった	《はい・いいえ》
9	ご精算時におまたせしなかった	《はい・いいえ》
10	両手で金銭・商品授受ができていた	《はい・いいえ》
11	価格を読み上げてレジ打ちしていた	《はい・いいえ》
12	レシートをお渡ししていた	《はい・いいえ》
13	精算後お客様をきちんとおじぎをしてお見送りしていた	《はい・いいえ》
14	レジの待ち時間は長く感じなかった	《はい・いいえ》
	接客の全体評価	《満足・やや満足・普通・やや不満・不満》
	【店舗環境】	
15	店の場所はわかりやすかった	《はい・いいえ》
16	お店の入り口は、入りやすい雰囲気になっていた	《はい・いいえ》
17	どこに何のコーナーがあるかわかりやすかった	《はい・いいえ》
18	店前ポップやのぼりは、わかりやすかった	《はい・いいえ》
19	チラシはわかりやすく手に取りやすいところにあった	《はい・いいえ》
20	お客様アンケートボックスは、書きやすい場所にあった	《はい・いいえ》
21	BGMの音量・内容は、耳障りでなかった	《はい・いいえ》
22	店内に異臭は無かった	《はい・いいえ》
23	買い物カゴがわかりやすい場所にあった	《はい・いいえ》
24	店内温度は、暑く（寒く）なかった	《はい・いいえ》
25	店内の通路は、歩きやすくなっていた	《はい・いいえ》
	店舗環境の全体評価	《満足・やや満足・普通・やや不満・不満》
	【清掃について】	
26	売場はきれいだった	《はい・いいえ》
27	トイレは清潔感があった	《はい・いいえ》
28	駐車場にゴミは落ちていなかった	《はい・いいえ》
29	店内に、ゴミは落ちていなかった	《はい・いいえ》
	清掃の全体評価	《満足・やや満足・普通・やや不満・不満》
	【商品について】	
30	商品に汚れ、壊れが無かった	《はい・いいえ》
31	商品に価格や説明がわかりやすく書かれていた	《はい・いいえ》
32	商品価格は適正であった	《はい・いいえ》
	商品の全体評価	《満足・やや満足・普通・やや不満・不満》
	【品揃えについて】	
33	季節に合った品揃えになっていた	《はい・いいえ》
34	目を引くディスプレイ・コーナーがあった	《はい・いいえ》
35	欲しくなった商品があった	《はい・いいえ》
36	選べるだけの商品量があった	《はい・いいえ》
37	商品は見やすく整理されて置かれていた	《はい・いいえ》
38	棚・バーに空いているスペースは無かった	《はい・いいえ》
39	売場に新鮮味が見られた	《はい・いいえ》
40	商品を探したいという期待感がある	《はい・いいえ》
	品揃えの全体評価	《満足・やや満足・普通・やや不満・不満》

Ⅱ　店長レベルアップ

れないのか」と逆効果に終わることもある。

　せっかく集めたお客様の貴重なご意見は手紙はもちろんポスターや貼り紙に「このようなご意見をいただきました」と記入し、それに対してどのように改善していくのかを書いて公開する。できることで**構わないので最低１つは改善する**。

「お客様からこういう意見をいただきました」それに対して「当店ではこのように変えていきます」とお客様にアピールすることによってより多くの意見を引き出すことができ、さらにこのお店はお客様のことをこんなに考えてくれているのか伝えることもできる。

　クレームを未然に防ぐためには、店舗においてお客様に不満を感じさせない基準を設けるとともに、それをプロの目とお客様の目の両方で見ていくことが必要である（図表62）。そして、両方の目で見て改善すべきことは優先順位をつけてすぐに改善していくことである。

【スタッフ】

　クレームは従業員が当たり前のことを当たり前にしていないことや、お客

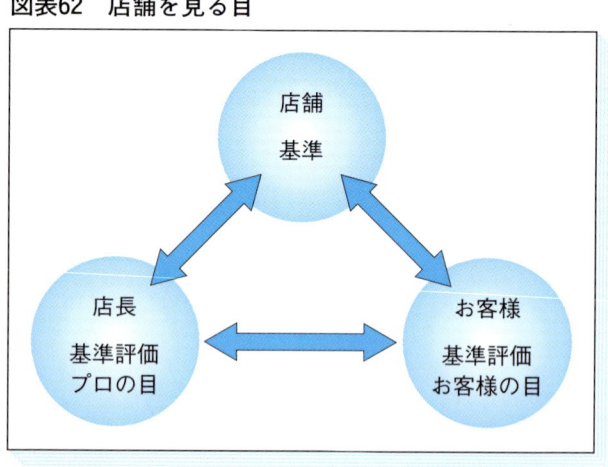

図表62　店舗を見る目

```
           店舗
           基準
          ↙   ↘
    店長  ←→  お客様
   基準評価    基準評価
   プロの目    お客様の目
```

様の態度に気付かないことから起きることも多い。そのために店長がしなければならないことは2つある。

　第1に、してはいけないことを勤務初日前オリエンテーション時に教えることである。当たり前のことを教えるのである。例えば「携帯電話は仕事中には使ってはいけません」といったことである。このしてはいけないこと（NG集）を文章や口頭での説明だけではなく、実際に仕事中に携帯を使用している写真も載せて記憶させることである。NG集や当店のタブーという形でまとめ上げ、オリエンテーションの時に説明できるようにしてほしい。このように1つのまとまりにしておくと、ある程度長くやっていただいているスタッフに対しても「こういう決まりだったよね」ときちんと説明することができる。

　第2に、お客様の気持ちに気付かせることである。スタッフにはお客様の気持ちに気付きやすいタイプと気付きにくいタイプがいる。気付きにくい人に対して「あの人気付きにくいよね」と済ませてはいけない。そこでお客様の気持ちに気付きにくいスタッフをトレーニングする方法がある。

　図表63のような「気配り・目配りシート」を作成し、お客様に今何をしてもらいたいのかをスタッフに考えさせ気付くことができるようにトレーニングするのである。お客様のちょっとした態度にこうして欲しい、ああして欲しいということが気付きやすくなる。お客様がちょっと気付いて欲しい状況はベテランが熟知しているから、スタッフにその場面をいくつか出してもらう。

　例えば、入り口で席を探しているシーンや水がなくなっているシーンなど、なかなか新しいスタッフに気付いてもらえない項目を出していく。このシートの使い方はトレーニングするスタッフに写真の部分を見せ、「あなたならどのような行動をしますか」と質問し、考えさせる。

　大切なのは考えさせ、本人に言わせることである。こうすることによってスタッフがお店で同じような状況に出会ったときに自ら行動することができるようになる。このトレーニングを繰り返し、スタッフがお客様のちょっと

Ⅱ 店長レベルアップ

図表63 気配り・目配りシート

●写真のお客様は今何をしたいと思っていますか？
①
②
③
④
⑤

●あなたがこのお客様に最初にすることは何ですか？
①
②
③
④
⑤

　サービスレベルの高いスタッフとはお客様が望んでいることに気付くことができるということである。
　自分から気付けばいいが気付かない（お客様が何を望んでいるかわからない）スタッフには上記のように、お客様の状態を写真に撮りお客様が何を望んでいるか考えさせることにより、実際の営業においても、サービスの維持向上ができる。結果としてクレームが少なくなる。

したことに気づき対応することでクレームを少なくすることができる。

これとは別に危険予知トレーニングも気配り、目配りトレーニングと同様に進めていこう。こちらは危険に感じられるシーン、例えばお客様に気付かずぶつかりそうになっているところや、従業員が走っているところなどの危険が伴いそうなシーンを写真に撮影し、危険予知シートを作成し、この場合はどうするのかを考えさせる（図表64）。考えさせることで意識させる。

ぜひこの2つのトレーニングを実施してクレームの原因となる要因を減らしていって欲しい。

また、スタッフにお客様を意識させるために「私達はお客様に最高のサービスを提供いたします」といった標語を店内に貼ることや、店内にその日出

図表64　危険予知シート

●考えられる危険は何ですか？

●あなたはどう対処しますか？

勤した従業員の写真を貼るような従業員ボードを設置することも1つの方法である。スタッフにお客様を意識させることができ、だらけた態度ではない接客ができるようになる。

《まとめ》

　クレームというのは悲しいことに店舗で営業をすれば必ずぶつかることである。ただ、その時の対応によってクレームを言ったお客様をお店のファンにすることも敵にしてしまうこともあるのだ。

　クレーム対応だけはマニュアルといった形で決めてしまうことが難しい。ある程度のルールづくりは必要だが、事例からのロールプレイングのトレーニングによって対処を誤らないようにしたい。知識よりも実践がものをいうので大いに活用してもらいたい。

　店長として大切なのはクレームが起きてから対処する方法を考えるのではなく、未然に防ぐことを第一に考えて欲しい。クレームの大半は、①当たり前のことを当たり前にしていない、②基本的なことを行っていない、③自分（店舗）中心に考えてしまう、といったこの3点から起こることが多い。まずはこの3つの部分をなくすことを考えることによって、あなたのお店のクレームは大幅に減少するだろう。

《ポイント》

1　クレーム事例を集める

　　マニュアルを作成するよりも実際にあったことを事例集にした方が分かりやすい。また対応の仕方も含めて集めておくととても役に立つ。

2　クレームトレーニングはロールプレイングを行う

　　知識ではなく実際に行ったほうがトレーニングになる。お客様役とスタッフ役になり繰り返しクレームのロールプレイングを行う。実践で行うことで実際の場面でも落ち着いて対応できるようになる。

3　クレームを未然に防ぐルールを作成する

　　クレームが起きたときの対応法とともに必ず未然に防ぐことを行っていく。クレームは当たり前のことが当たり前にできていないから起こることが多い。当たり前に行うようにルールを作り流れにしていこう。

実力店長育成プログラム7
「店舗スタッフ意識向上法」

《基本的な考え方》

　1年の中でピークの時期を過ぎると落ち着いてくる時期がある。するとピーク時を乗り越えた達成感からかほっとしやすく、力が抜けやすいこの時期に何もせずにいるとお店全体がだれた状態になってしまう。あなたが「ちゃんとやろう」「しっかりしよう」と言うだけでは効果はない。一段落した時期に行う、意識向上法についてみていきたい。

　落ち着いた時期に何もしなければお店のレベルが下がるだけでなく、優秀なスタッフが去ってしまう事態にもなる。忙しいときには無我夢中で行っていたので問題が起きにくいが、落ち着くとやはりいろいろな問題が起きてくる。そのためにも落ち着いている時期にもスタッフの意識を高めることについて考えてみよう。

　図表65をチェックしてみよう。今まで落ち着いている時期にはどのようなことをしていただろうか。

図表65　チェックシート：当てはまるものに○をつけてみよう

1	スタッフの意識を高める取り組みをしている	
2	個別面談（ミーティング）をしている	
3	働いている人が何を思っているか把握している	
4	働いている人の声を吸い上げている	
5	より良いお店にするための具体策がある	
6	問題点を皆から聞いても行動している	
7	店舗の状態を定期的にチェックしている	
8	どの時間の人とも話をしている	
9	ミーティングをしている	
10	ミーティングで決まったことを行動に移している	

※○のつかない箇所があれば改善の余地があります。

《具体的な進め方》

【現状分析】

　最初に行わなければならないのはあなたのお店の現状分析である。何が問題なのかを把握しなければ、手の打ちようがない。手を打ったように見えても実際には見当はずれのことにもなりかねない。現状分析がしっかりできなければこの後のことが全て水の泡になってしまう。

　現状分析は主に次の3つを用いて行う。①個人面談、②従業員意識調査、③店舗環境チェックリストである。それぞれの使い方をみていこう。

【個人面談】

　現状分析をするのに最初に行うのは個人面談である。個人面談では働いているスタッフ1人ひとりと5～10分程度の時間で行う。その際の進め方は、

① 面接相手の良い点を認める（仕事上での良い点を伝える）
② お店を良くするための提案を聞く（「お店をもっとよくするために○○さん自身はどうしたら良いと思う？」と聞く）
　※不満を聞かないこと。「なにかある？」とか「せっかくの機会だからいいたいことがあったら言って」では、お店の不満が次々にでてきて収集がつかなくなる。特にコミュニケーションがうまくいっていないと感じたならば不満がでやすいので注意が必要。
③ お店をよくするために具体的にどうしていくのかを聞く（「では、○○さんは何をする？」と聞く）

　この面談で提案の部分がスタッフの考えている店舗の問題点ということになる。現在できていないことを提案という形で聞き出すのだ。面談を通してあなたとのコミュニケーションを良好にすることと現状の問題点を聞き出すことができ、さらにスタッフの意識を高め、行動を導きだすことができる。

【従業員意識調査】

　従業員意識調査はスタッフが店舗についてどう感じているのかを知ること

で、普段のコミュニケーションではなかなか分かりにくい問題点、スタッフが抱いている不満が明らかになる。ただし、その前提はあなたと周りのスタッフの日々のコミュニケーションがとれていることである。もし、とれていないと感じたならば先ほどの個人面談に止めよう。とれていると感じているならば従業員意識調査を行っていこう。

　実際にあなたが考えていることと不満の原因が違うところにあるということは往々にして起こり得る。行ってみれば分かるが、時給や休憩室といったところに不満を感じるスタッフは案外少ない。あなたとスタッフとの思っていることのズレを見つけることもできる。

　では実際の行い方を見ていこう。まずは調査の質問内容を作成する。大きくは、①仕事・トレーニング、②給与・評価、③環境・設備、④待遇・雰囲気、⑤規則、⑥コミュニケーション、という６つの項目で作成する。

　それぞれの項目ごとにあなたの店舗にあった質問を考えていこう。質問の内容例を載せるので参考にしてもらいたい。

①　仕事・トレーニング

　スタッフが仕事に対してどのように考えているのかを聞く。仕事に対してあまり前向きな答えが返ってこなかった場合には、仕事を面白くする工夫が必要になる。トレーニングがきちんとされていなければ、せっかくのスタッフも辞めてしまう。トレーニングの状況を正確に把握することも大切だ。

　（質問例）　社員は丁寧に教えてくれる。教えてもらうときにマニュアル（手順書）を見せられた。トレーナーはやさしく教えてくれる。お客様に接することは楽しい。働きやすい職場にするためにいろいろ考えている。自分の接客に笑顔があると思う……等。

②　給与・評価

　昇格や給与に不満を感じていないかの質問である。給与や評価は不満の大きな原因になりやすい。店舗において知らず知らずのうちに店長であるあな

た自身が不公平に扱っていることが起こりうる。あなたが気付かずともスタッフは敏感に感じ取ってしまうことがある。
（質問例）　今の時給に満足している。どうすると時給が上がるかを知っている。時給の高い人は仕事ができる。働いた分は必ず時給がついてくる。社員は皆やさしい。遅刻しても注意されない人はいない。不公平感を感じたことはない……等。

③　環境・設備
職場の環境について見ていく。職場の環境が働くのに適していなければスタッフは不満に感じてしまう。
（質問例）　店内の空調は快適である。機器類は使いやすい。店内の清掃はしやすい。休憩室は快適である。ユニフォームはきれいだ……等。

④　待遇・雰囲気
スタッフが待遇や職場の雰囲気をどう感じているのかを質問する。待遇や職場の雰囲気が悪ければ定着率も下がる。
（質問例）　勤務時間数、出勤日数に満足している。勤務中何をすればいいかがわかっている。人がいなくて帰れないことや休めないことはない。知人に紹介できる職場だ。職場は働きやすくて楽しい。

⑤　規則
規則はお店の法律である。守られていないということはお店のモラルが低下しているということだ。
（質問例）　就業規則を知っている。マニュアルを覚えている。店長は規則に厳しい。タイムカードはきちんと打刻している。身だしなみは守られている。ハウスルールを知っている。全てのルールには必要性を感じる……等。

⑥ コミュニケーション

あなた自身も職場内でのコミュニケーションは重要と感じているだろう。人間は物と違い「感情」がある。コミュニケーションがとれているかいないかによって店舗の状況も変わってしまう。

（質問例）　店長は話しやすい。ベテランスタッフとは休憩室でよく話す。新人スタッフには声を掛けている。休憩室ではよく話し声が聞こえる……等。

質問内容がまとまったならば、図表66のように従業員意識調査シートを作成する。これを全従業員に配布して書いてもらう。

調査を実施するにあたっては最初に趣旨説明をする。「この調査はスタッフのみなさんがこのお店を、そして一緒に働く人に対してどう考えているかを知るために行います。素直な気持ちで正直に書いて下さい。この調査シートをもとに評価することはありません。無記名で結構です」

なぜ従業員意識調査を行うのかを説明する。これはネガティブなことではなく、働きやすい環境をつくるためということを伝える。同時に必ず全員が参加するようにする。この時点で書く人と書かない人がいるようではすでに不公平になってしまう。

取り組む際の注意点は以下の項目である。

① 無記名で他の人に読まれない回収場所を用意する
② 全従業員が参加する（例外はなし）
③ 提出日を必ず守らせる（提出日はあまり長くはしない。長くとも2週間以内）
④ 誰が記入したかわからないことを必ず伝える
⑤ 調査結果に基づいて改善することを約束する

以上のことを行わなければ意識調査を実施しても何も変わらない。必ず守ってほしい。

実施後、どの質問にどれだけの答えが返ってきたのかを集計表（図表67）

2　実力店長育成プログラム

図表66　従業員意識調査シート

店舗名　　　　店　実施日　　年　月　日

No.	質問項目	はい	?	いいえ
1	自分の接客に笑顔があると思う			
2	自店の商品を知人に勧められる			
3	仕事内容をよく理解していると思う			
4	マニュアルを使ったトレーニングを受けている			
5	店長またはトレーナーはきちんと教えてくれる			
6	必要な給料がもらえている			
7	私は時給以上に働いていると思う			
8	時給制度は十分理解している			
9	仕事に応じて評価されている			
10	定期的に評価を受けている			
11	店内の空調は快適である			
12	機器類は使いやすい			
13	店内の清掃はしやすい			
14	休憩室は快適である			
15	ユニフォームはきれいだ			
16	シフト時間数、出勤日数に満足している			
17	勤務中は何をすればいいかわかっている			
18	人がいなくて帰れない・休めない時はない			
19	知人に紹介できる職場である			
20	職場は楽しく働きやすい			
21	社員は規則に厳しい			
22	身だしなみは守れている			
23	ハウスルールを知っている			
24	就業規則を知っている			
25	必要のないルールはない			
26	先輩がいばっていない			
27	仕事内容で不安なったとき相談する相手がいる			
28	スーパーバイザー（本部の人たち）は優しい			
29	不公平感を感じたことはない			
30	人間関係で困ったことはない			
31	私はこの店が好きだ			

職場への希望があれば記入して下さい

Ⅱ 店長レベルアップ

図表67　従業員意識調査集計表　店舗名　　　店　実施日　年　月　日

No.	質問項目	はい	?	いいえ	カテゴリー
1	自分の接客に笑顔があると思う				■
2	自店の商品を知人に勧められる				■
3	仕事内容をよく理解していると思う				■
4	マニュアルを使ったトレーニングを受けている				■
5	店長またはトレーナーはきちんと教えてくれる				■
6	必要な給料がもらえている				◆
7	私は時給以上に働いていると思う				◆
8	時給制度は十分理解している				◆
9	仕事に応じて評価されている				◆
10	定期的に評価を受けている				◆
11	店内の空調は快適である				▲
12	機器類は使いやすい				▲
13	店内の清掃はしやすい				▲
14	休憩室は快適である				▲
15	ユニフォームはきれいだ				▲
16	シフト時間数、出勤日数に満足している				▼
17	勤務中は何をすればいいかわかっている				▼
18	人がいなくて帰れない・休めない時はない				▼
19	知人に紹介できる職場である				▼
20	職場は楽しく働きやすい				▼
21	社員は規則に厳しい				●
22	身だしなみは守れている				●
23	ハウスルールを知っている				●
24	就業規則を知っている				●
25	必要のないルールはない				●
26	先輩がいばっていない				◎
27	仕事内容で不安になったとき相談する相手がいる				◎
28	スーパーバイザー（本部の人たち）は優しい				◎
29	不公平感を感じたことはない				◎
30	人間関係で困ったことはない				◎
31	私はこの店が好きだ				

職場への希望があれば記入して下さい

■仕事・トレーニング
◆給与・評価
▲環境・設備
▼待遇・雰囲気
●規則
◎コミュニケーション

図表68　集計表

意識調査集計（点数）				
店舗名　　　　店：実施月　　　年　　　月度				
YES				
100				
90				
80				
70				
60				
50				
40				
30				
20				
10				
%	■仕事・トレーニング	▲給与・評価	▲環境・設備	▼待遇・雰囲気	●規則	◎コミュニケーション
%				
10				
20				
30				
40				
50				
60				
70				
80				
90				
100				
NO				

意識調査集計（コメント）		
店舗名　　　店：実施月　　　年　　　月度		
カテゴリ	YES/NO	コメント

Memo

Ⅱ 店長レベルアップ

図表69　店舗環境チェックリスト

項目		OK	NG	NG箇所の具体的なコメント
問1　店舗は常に整理整頓されており、クレンリネスが行き届いているか？	店内			
	倉庫			
	事務室・休憩室			
問2　エアコン等、空調設備は正常に動いているか？	店内			
	客席			
	事務室・休憩室			
問3　休憩室は、休憩できる環境になっているか？				
問4　問3がNGの場合の原因は分かっているか？（原因をコメント欄に記入）				
問5　以下の備品は、休憩室にそろっているか？	鏡			
	時計			
	ごみ箱			
	灰皿			
	ラジオ・ＴＶ			
	イス＆テーブル			
	靴磨き			
	掲示板			
問6　機器類で、故障、破損しており、スタッフが危ないと感じている機器はないか？				
問7　あなたがスタッフだったら、自店のこの設備で問題なく働けるか？				

図表70　優先順位表

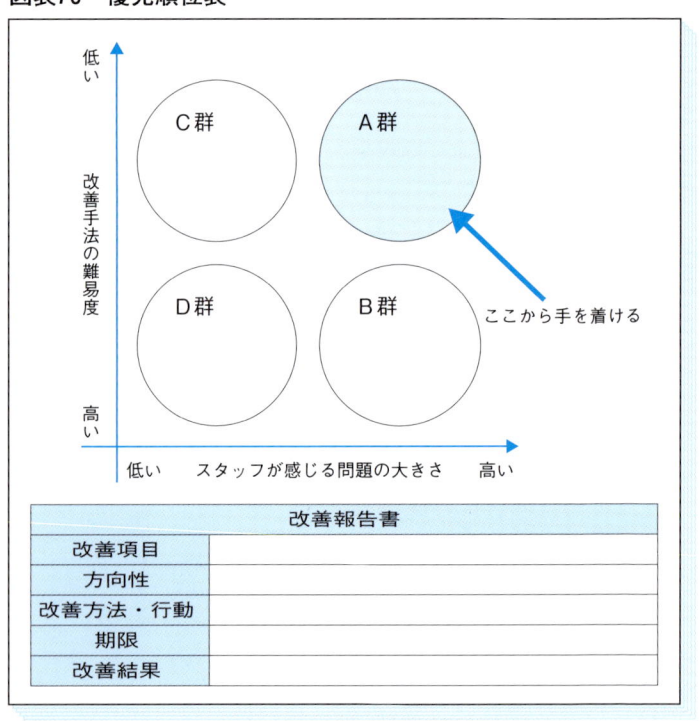

縦軸：改善手法の難易度（低い～高い）
横軸：スタッフが感じる問題の大きさ（低い～高い）

C群　　A群 ← ここから手を着ける
D群　　B群

改善報告書	
改善項目	
方向性	
改善方法・行動	
期限	
改善結果	

にまとめていく。そしてどの項目の回答が多かったのかを知るために質問に対しての分類も行う。集計したものをさらに集計表（点数）にグラフにしていく（図表68）。ポイントは個数でみるのではなく、％で見ていくこと。最後に意識調査集計表（コメント）にまとめる。

【店舗環境チェックリスト】

店長であるあなた自身も自分の目で店舗状況を見ていく。方法は店舗環境チェックリストを用いる。このチェックリストを通して、お店がスタッフの働きやすい環境になっているかを判断する。定期的に自身の目でみて働きやすい環境が確認する一つの方法としてみる（図表69）。

【改善する】

従業員意識調査と事前チェックリストとをつき合わせて改善策を立案する。改善をしなければ今まで行ってきたことが水の泡となる。とにかく行動に移すことだ。えてしてスタッフのモラルが下がっている、やる気がないときにはあなた自身の店舗に対する情熱がなくなっていることも多い。あなた自身が店舗の状況をしっかりみていないことからも起こりうる。

いろいろと改善すべきことがでてきたら、そのなかで優先順位をつける。改善すべきことはできれば1つ、多くとも3つまでに項目を設定する。現実にお店の営業をしながらできるのは最大3つである。

図表70のように縦軸に難易度（改善する際の）を横軸にスタッフが感じる問題の大きさ（NOの％が高かった項目）をとり、そのなかに個人面談・意識調査・店舗環境チェックの結果を当てはめる。

優先順位は改善手法の難易度が低く、スタッフが感じる問題の大きさが高い項目から改善していく。その際には改善計画の立案書を作成し、改善行動に移す。図表71のように行動計画表を作成し、皆の見える場所に貼り出すことによって改善することをアピールする。

改善計画に対しての実行は必ずスタッフにも協力してもらう。自分一人で

やっても限界があり、なおかつ周りに改善状況が伝わりにくい。また、改善計画が終了したならば、必ずスタッフからのフィードバックをもらう。

最後に問題の改善状況を発表する。進捗状況を発表をしないと次回からスタッフが全く協力しなくなる。スタッフを巻き込んでいくことだ。

【コミュニケーション＆トレーニングデイ】

実はスタッフが不満に感じる大きな要因の1つに店長とのコミュニケーション不足がある。あなたがもし午前中もしくは午後しかいないとか、決まった時間にしか店舗にいないならばスタッフは良い感じはしない。あなたがお店に決まった時間しかいないならば、あなたは知らないうちにスタッフを不公平に扱っている。

どうしても不在が同じ時間になってしまうのであれば、月に1回はコミュニケーション＆トレーニングデイを実施することだ。これは月に1回は自店を一日見るということである。一日とは開店前スタッフが出社する前から、閉店までスタッフが退社する前までを指す。これは月に1回以上は意図的に自分が入っていない時間を見ようということである。目的は全ての時間帯のスタッフとのコミュニケーションを取ること。そして店舗スタッフ状況のチェックを行うことの2つである。

全部の時間帯を月に1回以上見ることによって店舗の見えなかった問題点も明らかになる。実施の仕方だが、図表72のようにタイムプランを作成し、その時間に実際に何をするのかを記入していく。これを通して店舗状況の把握、改善とともにスタッフとのコミュニケーションの強化を図っていく。

【エクスチェンジプログラム】

スタッフのなかには他店が非常によく思えてしまう人もいる。実際に自分のお店は忙しく他のお店は暇であると考えたり、逆に他のお店のほうが働きやすいなどと感じてしまいがちである。

あなたならいくつかのお店を経験し、どんなお店にも良い点と改善すべき

図表71　目標設定シート

記入日　　年　　月　　日　　記入者：
店舗名

改善事項	取り組むことを箇条書き出す

改善目標	改善事項の中から優先順位の高い行動目標を選ぶ。目標は数値や頻度など具体的に入れる。実現可能なものとする。

目標達成へのステップ	やるべきことを箇条書きで、全て書き出す。

結果報告	記入日　　年　　月　　日　　記入者：

★どのくらいできたのか？（％）何ができたのか？（成功理由）何ができなかったのか？（問題点）
　今後の課題と対策、改善計画、期日は、いつまでか

上長評価	記入日：　　　　記入者：

行動計画表

部長	SV	店長	社員	スタッフ

　　月　　　　　　　　　　　　　　　　　　　　　　　　　　年　月　日

日付	行事予定	定期業務	目標行動計画	担当者	店長チェック
日					
日					
日					
日					
日					
日					
日					
日					
日					
日					
日					
日					
日					
日					
日					
日					
日					
日					
日					
日					
日					
日					
日					
日					
日					
日					
日					
日					
日					
日					
日					

Ⅱ　店長レベルアップ

図表72　タイムプラン

コミュニケーション&トレーニングシート

店舗名：　　　　　　　　　SVR：
実施日　　年　　日　　店長：
　　　　　　　　　　　　社員：
　　　　　　　　　　　　社員：

時間	タイムプラン	行動記入
9：00		
10：00		
11：00		
12：00		
13：00		
14：00		
15：00		
16：00		
17：00		
18：00		
19：00		
20：00		
21：00		
22：00		

《店長コメント》

コミュニケーション&トレーニングシート（記入例）

店舗名：　　　　　　　　　SVR：
実施日　　年　　日　　店長：
　　　　　　　　　　　　社員：
　　　　　　　　　　　　社員：

時間	タイムプラン	行動記入
9：00	社員とのミーティング	入り口横の看板が壊れている⇒業者に手配
10：00	昼のオペレーションチェック	パート・アルバイトの今月のレベルアップについて話す
11：00		
12：00		朝礼で笑顔があり、とてもよい。
13：00		閑散時の清掃も行き届いている。
14：00	休憩	新人の対応が今一歩⇒ロールプレイング
15：00	店長・社員・トレーナーミーティング	
16：00		新人トレーニングについて
17：00		
18：00		
19：00		
20：00	何をするのか、何をチェックするのかを書いておく	何をするのか、何をチェックするのかを書いておく
21：00		
22：00		

《店長コメント》

点があることを知っている。ただスタッフにはそのことをなかなか理解してもらえない。そのためには実際に他のお店を経験させてしまうのがこのエクスチェンジプログラムである。他店の店長やスーパーバイザー（本部）に相談して、他のお店に1日～1週間の間で派遣する。

実際に他店を経験することによって気分が一新し、他店の同じランクのスタッフの仕事を見ることによって刺激を受ける。すると自店に戻ってから仕事に対して新たな気分で取り組め、マンネリを打破することができる。

他店に行くのが難しいのであれば、単純に時間帯を変えるだけでも効果がある。夜しか入っていない人であれば朝や昼に出てもらう。または朝、昼に入っている人がいれば夜に入ってもらう。1回でも構わない、自分の時間帯と別の時間に入ることでいろいろなことに気付き仕事も活性化する。

【スタッフミーティングの実施】

あなたのお店でミーティングはどのくらいの頻度で行っているだろうか。ぜひスタッフを交えてのミーティングを行ってほしい。スタッフがお店の運営にかかわる情報や取り組みに参加することで毎日同じ業務の繰り返しばかりではなくなり張り合いがでる。お店全てに目を向けさせるためにも、また、スタッフに対しての動機付けやコミュニケーションの場としても、月に1回以上のミーティングを実施しよう。

進め方はまずミーティング内で何を伝えるのか、何を決めたいのかなど具体的に計画を立てる（図表73）。そしてミーティングを実施する旨を告知して、ミーティングを実施する。ミーティング終了後、決定事項に関してはすぐに行動する。

ポイントは必ず準備すること。準備なくミーティングを実施すればただの雑談や店長からの一方的な連絡で終わってしまう。また、その場で内容を決めようとするといたずらに時間だけが過ぎてしまい、何も決まらない。必ず前もって準備し、ミーティング内容の計画を立てることである。

ミーティングの内容は主に3つ、①基本事項の徹底、②スタッフのやる気

図表73　ミーティングの計画

店名		担当	日時	
出席者				
時間	分	担当	ミーティング内容	
14:00	5	副店長	本日のミーティング内容の確認	本日のミーティング内容とスケジュールの確認
14:05	10	店長	本部からの連絡・伝達事項	本部から店舗への連絡・伝達事項の説明と意志統一
14:15	10	店長	従業員意識調査結果報告	従業員意識調査の結果報告
14:45	30	副店長	結果を踏まえ改善案の提案	結果より改善案の提案と意見交換
15:15	30	副店長	今後の行動計画の作成	改善優先順位を決め行動計画表の作成
15:25	5	店長	決定事項・検討事項の確認	決定事項（店舗で行っていくこと）と検討事項（保留事項）の確認
15:30	5	店長	まとめ	本日のミーティングを通してのまとめ

を高める、③スタッフとの信頼を高めるものにする。

　具体的には、
① **基本事項の徹底**：指示事項の再確認、業務上の問題点についての改善案を考える（問題点はミーティング前に事前に通知する）。新しい手順や基準が決まったならばその連絡やトレーニング状況を伝える。
② **スタッフのやる気を高める**：店内コンテスト実施の提案、ベテランスタッフへの目標設定、スポーツ大会やイベントの企画、各種の賞の表彰、お客様アンケートや顧客満足度調査の良い点を伝える。また改善点を全員で考える。
③ **スタッフとの信頼関係を高める**：前述したスタッフの従業員意識調査の報告、それとともに他に考えられる問題点、不満な点や改善点を発表してもらい、全員で解決方法を考える。

内容は1～2時間以内に終えるものにする。2時間を過ぎると集中力がな

くなり、だらけるだけでなく、早く終わらせたいという気持ちで、最後が間延びしてしまう。1時間を越えるようならば内容を絞るか、他日にもう1回ミーティングを行う。

　計画を立てたならば次に告知する。遅くとも1週間前にはポスター等を使って発表する。口頭では聞いた、聞いていないなどとさまざまな問題が起こるので必ず書面にし、当日の主な内容についてもその時に事前に知らせておくことである。

　実際にミーティングを実施する時のポイントは、店長が一人で一方的に話さないことである。また、スタッフを集めて叱る場にしない。せっかく集まった中で叱られたなら誰もいい気持ちはしない。叱るのはミーティング以外の場で個別に行うことである。実施後は必ず議事録（図表74）をつける。ミーティングの内容、提案事項、決定事項や検討事項について議事録につけ書面にしていく。書面に残さないとミーティングを行っただけで終わってしまう。ミーティングで話し合ったことを行動に移すためにも決まったことを書面にすることである。

　ミーティング終了後は決定事項に従って行動に移す。行動に移さなければ、ミーティングが無駄になるだけでなく、せっかくのスタッフの提案や意見を無視してしまうことになる。スタッフが自分の意見を汲んでくれたと感じたならば、今まで以上にあなたとスタッフとの信頼関係は強くなる。

　スタッフミーティングを実施することで、あなたとスタッフとの信頼関係が増し、コミュニケーションがとりやすくなる。その結果、お店が活性化されるとともにお店全体で新しいことに取り組む際に非常にやりやすくなる。

《まとめ》

　忙しい時期が過ぎるとスタッフは安心して一瞬気がぬけてしまうこともある。そのままでは店舗レベル、スタッフの定着率やモラルが低下するなど、さまざまなところに影響してしまう。自分のお店をそのような状況にしないためにも、今回の店舗活性化に取り組んでほしい。

図表74　ミーティング議事録

ミーティング議事録

実施日時：　　　年　　月　　日（　）　：　～　：

参加者

【テーマ】

◆内容

◆決定事項

◆検討事項

◆店長から

◆その他

◆次回ミーティング　　　月　　日（　）　：　～　：

取り組む前に注意することは、あなた自身が気を抜いていないか自問することだ。あなた自身が情熱や熱意を持たずに店舗運営をしているならば、いくらスタッフに対してさまざまなことを実施しても何も変わらない。まずはあなた自身が店舗を良くしようと積極的になることだ。そのうえで活性化するためのさまざまな取り組みを行うから結果が出るのだ。

《ポイント》

1　落ち着いた時期には意識を高めるための行動をとる
　　落ち着いた時期に何もしないでいると惰性に流されることになる。何かひとつ行動しよう。行動することでお店も変わっていく。

2　現状を把握することと自店舗にあった取り組みをする
　　活性化するためには自店舗の現状を把握しよう。その上で今の自店舗にあった取り組みをする。何でもやれば良いのではなく、結果を出すためにはどうすれば良いのかを考えることである。

3　自分自身が積極的になる
　　周りにいくらやる気になるように伝えてもあなた自身が積極的でなければ意味がない。まずはあなたから積極的になることだ。その上で周りに伝えることで変わっていく。周りはあなたの言葉ではなく、行動を見ているのだ。

Ⅱ 店長レベルアップ

> 実力店長育成プログラム8
> 「店舗内の仕組化」

《基本的な考え方》

　店長の仕事は多岐にわたる。ただ、それを自分ひとりで行うとしてもエネルギーと時間の割に結果が出にくく意味がない。一緒に働いている人を巻き込むことで結果が出やすくなる。仕事の一つひとつを仕組みとしてできるようにする。つまり、あなた自身だけではなく店舗全員で取り組んでいく流れを作ることである。

　この章のテーマは「店舗の仕組化」である。図表75のチェックをしてもらいたい。

【仕組化】

　店長としてのあなたの責任は適正利益を確保することである。そのために売上を獲得しなければならない。売上を獲得するためにお客様の満足を満たさなければならない、これは店舗レベルの維持向上でもある。

図表75　チェックシート：当てはまるものに○をつけてみましょう

1	何かやりはじめても継続しない	
2	新しいことにチャレンジするも続かない	
3	いろいろな仕組みがバラバラに運用されている	
4	情報の共有ができていない	
5	何かあっても皆の前でほめる機会がない	
6	店舗スタッフ全員を把握していない	
7	今月の店舗目標を誰も知らない	
8	目標達成のために何をするのかを決めていない	
9	評価を定期的に行っていない	
10	皆に知ってもらいたい情報がバラバラである	

※○が1つでもついたなら改善の余地があります。

あなたが店舗で行うことの多くは多くのパート・アルバイトをはじめとするスタッフがいて、はじめて達成できる。

人間一人の力には限界がある。店舗には多くの人がいるのだから、その人たちを活用していくことである。スタッフを巻き込んで仕組みにしてしまうことである。その方法を見ていこう。

《具体的な進め方》
【トレーニングボード】

店長が行う仕事の項目を組織的に行うために用いるのがトレーニングボード（図表76）である。現在店舗で取り組んでいる内容を1つのボードにし、誰にでも分かりやすく行っていけるようにしようというものである。

トレーニングボードはいくつかの項目が組み合わさってできている。このトレーニングボードは紙でもホワイトボードでも構わない。大きさも特に構わない。

大切なのは設置箇所で、お店の事務所や休憩室など従業員の誰もが目に留まるところに貼り出すのがポイントである。店舗運営を全員で取り組んで行くことが大切なのだ。トレーニングボードの内容を見ていこう。

【スタッフボード】

トレーニングボードの中で最初に行ってほしいのは、まずこのスタッフボードである。これは店舗スタッフ全員の写真を貼り出すものである。

あなたのお店の全従業員は店舗の全員の名前と顔とを一致させることができるだろうか。同じお店でありながら知らない人がいるというのは大問題である。店舗を全員で運営していく前にコミュニケーションが不足しているようでは取り組みを他人ごとにしてしまう人も出てきかねない。まずはこのスタッフボードを作ってほしい。

作り方はボードを用意する。これは紙でもクリアケースでもコルク板でも構わない。ボードの横にランク名を記入し、ランクごとに区分けする。そし

Ⅱ　店長レベルアップ

図表76　トレーニングボード

説明	○○店　トレーニングボード　　　　年　月
店舗目標を掲示する。	【目標】
上記目標を達成するための行動計画を5W1Hで記入する。	【行動計画】
月間MVPを毎月1名決める。モチベーションアップがねらい。	【月間MVP】　　【評価カレンダー】
店内コンテストを実施し、優秀者を掲示しモチベーションアップをはかる。評価する日を評価カレンダーにする。	【月間コンテスト】 タイトル：
社員のトレーニング状況の把握。	【社員トレーニングシート】 山田　15 田中　36　18 鈴木　36　36　26
全員の写真を貼り出す。店舗に誰がいるのかを全員が分かるようにする。在籍人数が5人以上の場合に効果がある。	【スタッフボード】 ランク トレーナー Aキャスト Bキャスト Cキャスト トレーニー

て次に、全員を撮影し、写真に名前を記入してランクごとに貼り出す。

　このスタッフボードは、スタッフのランクを書き出し、どのポジションに誰がいるか分かるようにすることや、店内全員の顔と名前を一致させコミュニケーションをとりやすくするためである。

　ただ1つ注意しなければならないことは、これによりランクが明らかになるので、あなたが今までランクについて曖昧にしていた部分があるならば、実施前にスタッフ一人一人とランクについて話をすることである。ランクがなければそのまま写真と名前を貼るだけでも構わない。

【店内コンテスト】

　店内コンテストを行うと楽しみながら店舗運営を円滑に進めることができる。店内コンテストを年間で計画し、さまざまなコンテストを毎月行っていく。実施する際に店内コンテストやイベントを実施する時にもこのトレーニングボードを活用して、今月のコンテスト内容を載せる。

　また、例えば笑顔コンテストならば誰が優勝したなどの中間状況もここに載せる。全員に店内コンテストを意識させることができ成功する確率も飛躍的に増すだろう。

【評価カレンダー・評価実施表】

　スタッフが一番やる気になるのは「自分の仕事に対する評価があるとき」である。つまりスタッフは評価してもらえるのを望んでいるのである。だからトレーニングボードにも図表77のように評価カレンダーによって何月に評価がされるのか、そして評価実施表によって今月のいつに評価が行われるのかを明確に打ち出そう。

　評価カレンダーは左に名前があり、評価月を○でつけておく。そして評価が終わったならば●と塗りつぶしていく。こうすることによっていつ評価があるのかが分かるようになる。

　また評価実施表は各社員の今月のスケジュールを書いておき、スタッフに

Ⅱ　店長レベルアップ

図表77　トレーニングボード

	1月	評価日	2月	評価日	3月	評価日	4月	評価日	5月	評価日	6月	評価日
工藤　晃一	●	15					○					
山本　　哲	●	15										
相良　　明												
富岡　　隆	●	20					○					
木村　正彦					○							
吉田　和明												
星　　英樹							○					
千葉　直樹	●	22					○					
竹谷　高仁	●	22					○					
菅原あゆみ			○									
早坂　啓子	●	23					○					
菊地　晴子					○							
佐々木久美子	●	24					○					
有田あけみ	●	24					○					
佐々木和子												
武石　康子												

○は評価予定月　　●は評価終了
次回に自分が何月に評価面接があるかを知っている状態をつくります
評価月は店舗・会社ごとにランクごとに決定します

いつ評価をしてもらいたいのかを記入してもらう。こうすることによってスタッフはいつ自分が評価されるのかが一目でわかる。明確になることによってあなた自身が必ず評価を行わなければならなくなるのとともに、スタッフ自身も評価に向けてやる気を持続させることができる。

【月間 MVP】

　毎月ごとに月間MVPを決める。MVPの内容はあなた自身が考えてほしい。例えば笑顔が一番出ているスタッフをスタッフ同士で投票してもらう、そのなかでNo.1を写真に載せる。またはお店の改善提案書を全員に書いてもらい、一番店舗に貢献する提案をしてくれた人をMVPにする。

　お客様アンケートを実施し、一番接客が良かった人をMVPにする。店内コンテストの1位をMVPにしてもいい。大切なのは月間MVPを設けて、スタッフを全員の前で認められる環境を作り出すことである。表彰すること

によりスタッフのモチベーションは俄然あがることになる。

【今月のトレーニング内容を作成する】

　トレーニングボードを活用する際には、トレーニングの内容についても載せることである。

　図表76では店舗目標を設定するようになっている。

　毎月の店舗目標はあまり多くしない。1つか2つ程度にする。あまり多くしてしまうと何1つできなかったことになりかねない。できなかったたくさんの目標よりも、1つでも達成できたほうが良いのは言うまでもないだろう。

　トレーニングボードに載せスタッフにも知ってもらうことによって必ず実行しなければならないことになる。ここがポイントである。

　毎月ごとにトレーニング内容を決めて取り組んでいくことをきちんと貼り出すことによって全従業員に徹底することができる。

《まとめ》

　店長としての仕事を続ければ続けるほど、どうしても日々の決められた営業に流されがちになる。あれこれとできない理由をつくっては本来実行しなければならないと考えていることを先送りすることがある。

　店長のあなたに課せられたのは毎日オペレーションをしつづけることではない。利益のピラミットを構築することである。そのために7つの項目を実践すること、そして、お店のスタッフとともに店舗について考えていくこと。何もかもをあなたがする必要はない。スタッフとともにチームを組み全員で考えたほうが良いアイデアも浮かぶし、いろいろな意味で店舗運営も好転する。

《ポイント》

1　全てをまとめる
　　トレーニング・評価・情報をあちらこちらに貼り出すのではなく、1箇所にまとめる。

2　見える場所に貼りだす
　　1箇所にまとめたならば皆に見えるところに貼り出す。誰もが見えることで全員に情報が行き届くようにする。

3　情報を最新にする
　　全員に見えるようにするだけでなく、情報を常に最新にする。更新されていかなければ誰も見なくなってしまう。常に新しい情報にしていく。

Ⅲ　社員レベルアップ

～社員を戦力化するためのツール～

3 社員を育てるための店舗訪問
「社員に気付きを促し育成する方法」

《基本的な考え方》

　お客様の視点でお店を見よう、お客様に喜ばれるお店にしようと誰もが入社時に考えることである。ところがふと気付くと、社員は日々の営業に追われ、お客様の視点ではなく、良くも悪くも店舗（＝自分）の都合で仕事をしてしまう傾向がある。もう一度お客様の視点に帰る、その方法の１つが「店舗訪問」である。

　とくに部下の店舗訪問を通して他の店舗のことに触れさせることが大切になる。図表78のチェックをしてみよう。店舗の仕事だけを教えるのではなく、他店舗を見てお客様の目を持たせ続けることも必要である。

図表78　チェックシート：当てはまるところに○をつけましょう

1	部下の社員が日々の営業に追われている	
2	部下の社員が目先のことしか考えていない	
3	部下の社員からお店へのダメだしが多い	
4	部下の社員は他の店をみる機会が少ない	
5	部下の社員が同業の情報に疎い	
6	部下の社員からの他の店の批判が多い	
7	部下の社員から提案がない	
8	部下の社員にあまり店舗の気付きがない	
9	部下の社員がほめているのを見たことがない	
10	部下の社員が自分の仕事だけをやっている	

※○が１つでもついたら改善の余地があります。

【お客様の目】

入社したばかりの頃を思い出してもらいたい。店舗に配属されて、自分のお店はどう映っただろうか。多くの人は配属されたお店をよりよくするためにいろいろな考えが頭に浮かんだことだろう。お客様には笑顔で、入り口をきれいに、忙しくても丁寧な対応を、など心に決めたこともたくさんあるはずだ。

では、その中で今実践していることはどれだけあるだろうか。気付くと日々の営業や目の前の仕事に追われ、最初の気持ちはどこかに飛んでいってしまっていたり、知らず知らずのうちにそんなことはこの忙しさではムリだとか、いろいろあってできないよと、最初の志もすっかりなくしてしまってはいないだろうか。

これは、入社当時誰もが持っていた「お客様の目」から知らず知らずのうちに「店舗（会社側）の目」に変わってしまったのだ。お店を利用してくださり売上をもたらすのはお客様である。ゆえに、常に「お客様」の目も持ち続けなければならない。そのためにもあなたの部下には特にいろいろなお店を見てもらうことである。

《具体的な進め方》

【外に出よう、他店を見よう】

ガムシャラに無我夢中で仕事をすることは大切なことである。だが、常に自分のお店しか見ていないようでは、だんだんと視野が狭くなる。視野が狭くては良いアイデアがでないし、工夫や改善もしにくい。気付かないうちにお客様の視点を忘れ、自分自身の都合で仕事をしてしまうことにもなりかねない。

お客様の目を取り戻すためにも、また視野を広くしておくためにも積極的に外に出させることだ。ぜひ機会を作って外に出て他店を見させて欲しい。他店を見させることが「お客様の目」を取り戻すことになる。

よりお客様の視点になるためにも、最初のポイントとしては他店を見に行

くことを「楽な気持ち」で行わせることだ。「店舗調査」とか「仕事のため」と考えさせないで欲しい。堅苦しいやり方では楽しめずに継続できない。店舗訪問の際に注意させることは、①ラフな格好で、②メモ帳片手に、③自分の好みの店に行くことだ。最初から「デジタルカメラ」や「ストップウオッチ」などを持って行かせても仕方がない。まずはお店に行くことを楽しませることが大切である。

【良いところ探し】

　「良い点を見る」ことは、できそうでなかなかできないことである。お店を見に行った時のポイントは「このお店を徹底的にチェックしよう」とは思わないことだ。チェックしようとすると「あら捜し」をしてしまう。つまり、できていないことや改善すべき点ばかりを見てしまうのだ。

　人間とは不思議なもので、どちらかというと他人の欠点や短所を見つけてしまうことが多い。店舗訪問も一緒である。このお店はこれができていない、あれが悪いなどと見つけてしまうものだ。だが、他店のできていない点を見つけてどうすればよいのだろう。そのお店の店長に伝える、それともできていない所を見つけて「この店もまだまだだな」と自己満足に浸る、それで何の意味があるだろうか。

　ぜひその店舗の「良いところ探し」をさせるようにして欲しい。人に長所のない人がいないのと同様にどんなお店にも良い点は必ず１つはある。その良い点を見つけられるかどうかがポイントになる。

　店舗をよくするためには他店の良い点を真似することが近道である。自分であれこれ考えるよりも、最初は良い点を見つけて素直に真似ることである。そのためにも、できていない点や改善点が見えてもあえてそれには目をつぶり、持って来たメモ帳には良い点のみを書くことに専念させる。良い点が無意識に見つけられるようになるまでいろいろなお店回りを繰り返させることだ。

　この「良いところ探し」のときには「お客様の目」とともに「仕事の目」、

つまりスタッフはどのような動きをしているのかまで見れれば最高である。

【他店舗を見るポイント】

店舗の良い点を見つけるのに、そのお店がお客様の立場でどういうことをしているのかを見ていくことである。見ていくのは主に下記の10ポイントである。

〈飲食店〉	〈小売店〉
① 店舗周辺・入り口	① 店舗周辺・入り口
② 入店時	② 入店時
③ テーブル	③ 品揃え
④ 注文・接客	④ 接客
⑤ 料理提供	⑤ 商品
⑥ 施設	⑥ 施設
⑦ トイレ	⑦ POP
⑧ ピーク時・またはアイドル時の対応	⑧ ピーク時・またはアイドル時の対応
⑨ セッティング	⑨ 売り場
⑩ お帰り	⑩ お帰り

この10ポイントの中で良い点のみを箇条書きにしていく。ここ以外でも自分で良いなと感じたものは全て書き出させよう。

【良い点を整理する】

良い点を箇条書きにして帰ってきたならば、その日のうちに整理させるようにしよう。それぞれを人に関すること、商品に関すること、清掃に関すること、店舗からの情報に関すること、その他にそれぞれコメントを分け、そこから図表79に従ってそれぞれを分ける。

効果があり（お客様に喜んでもらえる）、簡単にできるところを自店で取

Ⅲ　社員レベルアップ

図表79　良い点整理シート

店舗名：	訪問日時：	年　月　日　時	
	良い点	なぜ良いと思ったのか？	優先順位
1			
2			
3			
4			
5			
6			
7			
8			
9			
10			
11			
12			
13			
14			
15			

自分で取り組むこと

店長に提案すること

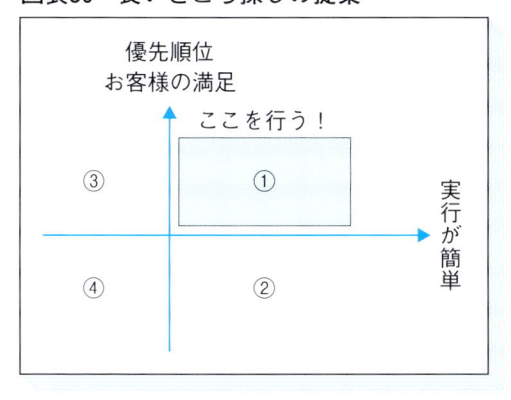

図表80　良いところ探しの提案

```
        優先順位
        お客様の満足
              ↑
           ┌─────────┐
           │ここを行う！│
     ③    │    ①    │      実
           │         │      行
           └─────────┘      が
    ─────────────────→     簡
                            単
     ④         ②
```

り組むことだ。そのなかでも自分でできることはすぐに行わせ、店舗で取り組むことは店長であるあなたに提案させる（図表80）。

【常にアンテナをはりめぐらす】

　同業種に限らずさまざまなお店には「おっ！」と思わせる良い点が無尽蔵に眠っている。その良い点をどれだけ多く見つけるか、そのためにも図表81のように名刺サイズの気付きカードを作り持ち歩かせよう。そして素直に良いなと思ったことをその場で気付きカードに書くくせをつけさせるのだ。そして、自店舗であればどのように活用できるのかを常に考えさせることである。

　気付きカードでなくとも、メモ帳や付箋紙でもかまわない。「良い所をみつけよう」というアンテナを常に張っていることが大切である。アンテナを張っているから「良い点」が目に付きやすくなるのだ。

《まとめ》

　気付くと「お客様の視点」から「自分の都合」だけに思考回路が変わってしまうことが多い。まずは「お客様の視点」にもどし、回路をお客様に合わさせることだ。そのためにも「店舗訪問」を積極的に促して欲しい。そして

図表81　気付きカード

```
気付きカード

平成18年　　月　　日（　）　　時

「店舗　　　　　　　　　」
　良かった点
　..........................
　..........................
　..........................
　..........................

　自分で実行すること・店長に提案すること
　┌────────────────────┐
　│                    │
　│                    │
　│                    │
　└────────────────────┘
```

　店舗訪問した際には「良い点」だけに注目させる。そのときには決して自分の勝手な都合（やりたくない・面倒くさい）や店舗のできない都合（ムリだ・できない）などを考えさせないことだ。そして、「良い点」だけを見つけて店舗に持ち帰らせることである。他店のできていないところを持ち帰っても「あの店はひどかった」「うちのお店の方が良くできている」と自分勝手な意見を言うだけというのがオチである。

　次に、良い点を整理し、自分自身でできることはすぐに行動させる、店舗全体のことは店長に提案させることである。いくら良い点を見つけても行動しなければ意味がない。①他店を見る、②良い点を見つける、③店舗で行動するという癖をぜひ付けさせてほしい。ただし、あなた自身も他店舗を見ていることが大前提である。見ていないならばこの機会に見るようにしよう。

3　社員を育てるための店舗訪問

《ポイント》

1　お客様の視点でみる
　自分の都合や店舗の都合ばかりでは成長がない。成長するために他店を見せることだ。

2　良い点だけを見つける
　できていない点を見ても生かせないし意味がない。良いところ探させよう。

3　行動に移す
　良いことはすぐに取り組ませよう。そのために自分の店舗ではどうすればよいのかを考えさせ、行動させることだ。

この３つの癖付けをすることが、あなたの部下を他の人よりも早く成長させるために大切である。

Ⅲ　社員レベルアップ

> ### すぐに使える簡単ツール：目標設定シート

目的（何のためのツールか）
　◇やる気を起こさせる。
メリット（使うことでどのような効果があるのか）
　◇日々の業務以外にも目が向く。
　◇やる気を促すことができる。

　入店したばかりの新入社員は目標を持っています。仕事をするうえで覚えることがたくさんあるからです。無意識のうちに「今日は発注をできるようになろう」とか「精算の仕方を教わろう」と目標を持つのです。
　ところがある程度仕事を覚えていくと、惰性で仕事をする人がでてきます。言われたことしかしない人もいるかもしれません。なんとなく、お店に来て決められた時間をそつなくこなし、帰っていく日々が繰り返される。これでは、本人も仕事に対してのやりがいをなくし、近いうちにお店を去ってしまうでしょう。なんとなく惰性で仕事をされてしまっては、特にそれが社員であると、他のスタッフに対して良い影響を与えません。
　こんな時に今月は何を取り組むのか目標を掲げてもらうと良いでしょう（図表82）。そして、**私たちから目標を無理やり持たせるのではなく、本人に決めてもらうことです**。目標は難しく考えずに「笑顔で接客する」「発注を覚える」「売り場作りを教わる」など簡単な、できるだけ具体的なものにします。
　スタッフがやる気になる上位に「評価があったとき」があります。この目標設定は店長・社員が目標の内容をもとにスタッフとどれだけ会話ができるのかが鍵です。**目標の内容について話すことが「評価」になるのです**。毎月できたかできないかの評価面談を行ってください。

図表82

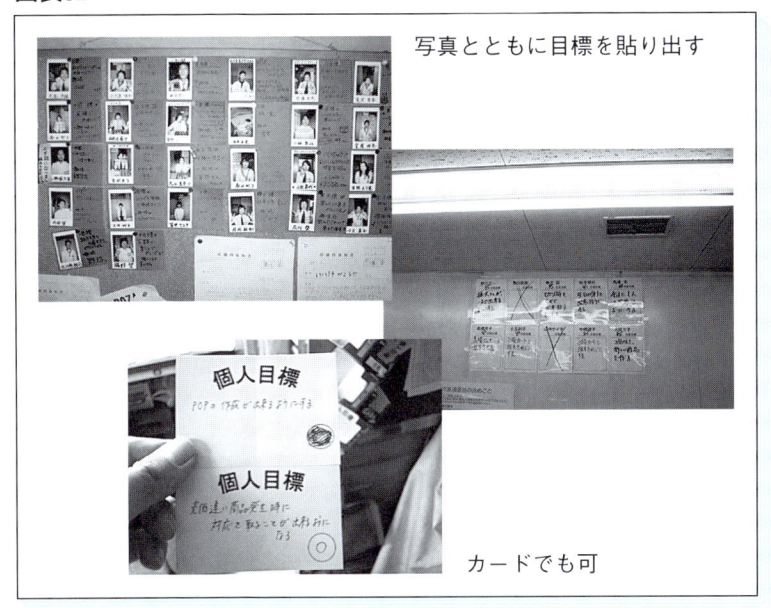

写真とともに目標を貼り出す

カードでも可

《ポイント》

1　簡単かつ具体的な目標にする

　「店舗をきれいにします」「良い接客を心がけます」ではなかなか評価しにくいのです。「店舗入り口を常にきれいにします」「入ってこられたお客様全員にあいさつします」など具体的な内容にすると行動に移しやすいのです。

2　目標の内容を会話に盛り込む

　目標の内容を会話に盛り込みます。できればスタッフ出勤時に1日1回は会話に目標のことを加えます。月に1回目標を達成した人を皆の前で表彰するのも効果的です。

すぐに使える簡単ツール：自己チェック表

目的（何のためのツールか）
　◇気付きを促す。
メリット（使うことでどのような効果があるのか）
　◇守らなければならないことを守る。
　◇本人に気付きを促すことができる。

　店舗運営は一人では行っているのではありません。当たり前のことですが複数の人たちが関わっているのです。店舗の維持向上をしようと考えても店長だけが取り組んでも意味がありません。一人ひとりが行動していかなければ結果がでません。そこで新入社員でも自ら成長するために使って欲しいのが「自己チェック表」です（図表83）。

　特に新入社員として「当たり前のことを当たり前にする」という基本を最初にしっかりと教えることです。なぜ基本的なことかというと、お客様が再来店しなくなる理由の多くは、店舗で何かしらの不満を感じたからです。さらに不満を感じれば「あの店はひどかった」「行かないほうがいいよ」と悪い口コミをしてしまうのです。

　では、お客様が不満に感じるのはどんなことでしょうか。自分自身がお客様だったらと考えてください。過去にどんなことで不満を感じたでしょうか。実は「従業員の態度が悪い」「無視された」「あいさつがない」「料理が遅い」など、本来当たり前にできていなければならないことができていないから不満に感じるのです。不満に感じることの多くは店舗の基本的なことと関わってくるのです。

　当たり前にできていないとお店の評判を落としてしまいます。とくに新入社員ができなければ意味がないのです。そこでこの「自己チェック表」を用

図表83　自己チェック表

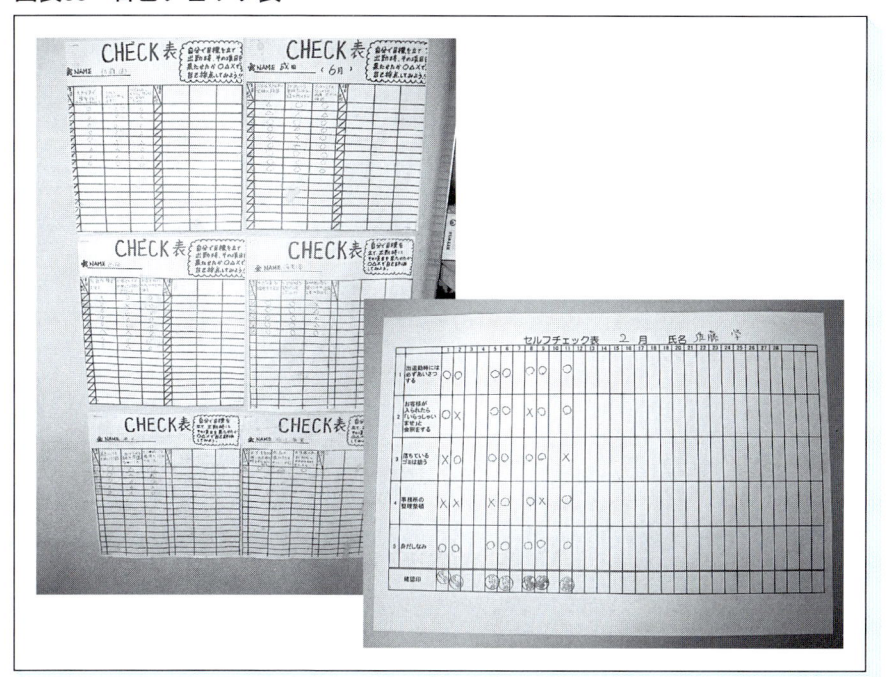

《ポイント》

1　本人に取り組む内容を言わせる

　店長から取り組む内容を伝えるのも1つですが、できれば本人から言わせることです。

　本人に言ってもらう方が言葉に責任がでるので継続しやすいのです。

2　毎回意識させる

　見えるところに貼り出し常に意識させます。最初の段階では退勤時のチェックを忘れてしまうこともあります。そのつどチェックするように伝えましょう。繰り返していくうちにチェックするのが習慣になります。

いて当たり前にしなければならないけども気付くとできていない（継続していない）ことを意識させるのです。

　月に一度、新入社員から本来当たり前にできていなければならないが、気付くとできていないことを出してもらいます。例えば、入店時のあいさつ、お客様のお水チェックやトイレチェックなどです。出してもらったものを項目にします。あとは項目を貼り出し、勤務前に意識することの確認と勤務後にできたかどうかを○×でつけてもらうのです。これを繰り返すことにより本人に意識させ、本来当たり前にできていなければならないことが継続してできるようになるのです。

　周りから言われるよりも自分自身で自己チェックすることにより本人に意識させる（気付かせる）ことが継続を促すことになるのです。そして、1ヶ月が経ったならば本人にその結果報告をしてもらいます。できるようになった項目は違う項目に変え、できなかった項目は継続して実施するのです。これを繰り返すことにより新入社員のレベルアップができ、お客様に不満を与えない店舗作りができるのです。

> **すぐに使える簡単ツール：スタンダード向上カード**

目的（何のためのツールか）
　◇店舗のスタンダード向上。
メリット（使うことでどのような効果があるのか）
　◇店舗スタンダードのレベルアップ。
　◇不満に感じるお客様をなくすことができる。

　お客様が再来店されなければ客数は減少し、売上も低下していきます。お客様が再来店されない理由はいろいろありますが、店舗内の基本が徹底されていなければ当然再来店されません。接客が良くない、品揃えが良くない、売り場が荒れている、料理にバラツキがある、お店が汚いようではやはりお客様の足は遠のきます。
　店舗内では当たり前のことを当たり前にすること、つまり基本レベルがどの時間帯でも維持されていることが大切です。
　では、基本を維持するのは誰でしょうか。当然あなたも含めて店舗スタッフ全員です。特に社員一人ひとりが維持するような行動をとってもらうことです。新入社員ができているかどうかもポイントになります。
　あなたが指示をしてやってもらうことも１つですが、指示をしたからといって必ずしも行動するわけではありません。また、指示しての行動だと常に指示しつづけることになってしまうのです。そこで「スタンダード向上カード」を活用してみましょう（図表84）。
　この「スタンダード向上カード」には仕事をしていて気付いたことを書いてもらいます。そして、その気付きに対してどのような行動をしたのか、または、どう行動していくのかを書いてもらうという単純なものです。一日１つは気付きと行動を書いてもらうことで、いろいろなものに目を向ける癖づ

Ⅲ　社員レベルアップ

図表84　スタンダード向上カード

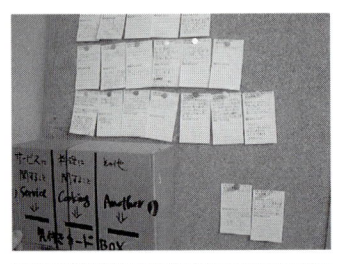

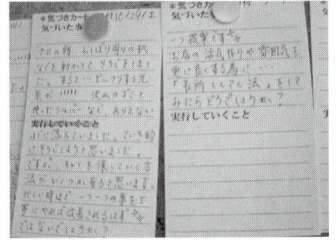

記入してもらったカードは皆が見える場所に貼り出します。

カードには毎回「気付いたこと」「実行していくこと」または「実行したこと」を記入してもらいます。

けができます。そして、気付いたことにどう行動するのかを書くことで自主的な行動を促すことができるのです。

　書いてもらったカードは皆に見えるように貼り出します。皆に見られるようにすることで書いた人が行動に移すようにします。また、他の人がカードを見て「ここも掃除しなければいけないな」とか「接客時には笑顔でなければ」と新たな気付きを促すこともできるのです。

　一人ひとりに気付きを促し、行動へと導くのがこのスタンダードカードです。新入社員だけでなく、パート・アルバイトも交えて全員で取り組むことで店舗の基本レベルを維持向上させやすくなります。

《ポイント》

1 気付かせる

　店舗全体のレベルを維持向上させていくには全員の協力が必要です。その際には一人ひとりが自分で気付く力をつけることです。気付く力をつけることで多くの目でいろいろなところに目が届くようになります。

2 行動に移させる

　気付いたならば行動に移させることです。いくら気付いても行動しなければ意味がありません。必ず実行することを自分で決めさせることです。自分で考えたことだからこそ実行しやすくなるのです。

Ⅳ　実力店長の思考と行動

～実力店長が行う方針設定～

4 実力店長1年の計
「年の初めに目標を立て店舗をよりよくする方法」

　1年はあっという間である。その中でも目標をもっているかももっていないかでは結果に大きな差ができることはあなたも経験していることだろう。毎年目標を立てて充実した年としよう。目標がなければ何も変化しない一年を過ごしてしまう。目標を持つことで現状から一歩でも進むことができる。

《基本的な考え方》

　最初に図表85のチェックシートをつけてみよう。もし、項目に○がついたならば、ぜひこの先を読んで実践してほしい。必要なのはあなたが自分の店舗をどうしたいかという目標である。例えば、旅行しようと考えたときにまず、最初に決めるのは「目的地」である。どこへ行くか決まらなければどう

図表85　チェックシート：当てはまるものに○をつけてみましょう

1	今年はあっという間に過ぎてしまった	
2	目の前の仕事に追われることが多い	
3	スタッフに「店長はお店をどうしたいのですか？」と聞かれると困ってしまう	
4	この仕事をいつまで続けようか？と考えてしまうことがある	
5	「あの店はいいよな」と他をうらやましがることがある	
6	ついつい会社の悪口を言っている	
7	店舗ミーティングはおこなっていない、やっても伝達事項だけ	
8	日々の営業以外に何をしていいのかわからない	
9	最近仕事での愚痴が多い	
10	「あのときこうしておけば…」「ああしておけば…」と過去にこだわることがある	

※○が1つでもついたなら「店舗の方向性」を示していない可能性があります。

しようもない。店舗も一緒である。店長であるあなたがどうしたいのか「目的地＝目標」を決めなければあなた自身が何をしたらよいのかがわからなくなる。すると目先の日々の営業に追われるし、周りのスタッフもどうして良いか困ってしまうだろう。意識の高い人ほどあなたの店舗から遠ざかってしまうことにもなりかねない。まずは「目的地＝目標」を設定してみよう。

《具体的な進め方》
【ステップ１：理想の店舗を考える】
　あなたの理想とする店舗はどのような店だろうか。付箋紙でも真っ白な紙でもかまわない。思う存分に書いてみよう。「こんなこと書いても実現しないよな」「ムリだよな」などと考えずに、思い浮かんだものから順番に書いていく。例えば、「社員が２週間の長期休暇がとれる」「お客様に喜んでもらえる」「売上が毎月前年比110％以上」といったことを書いていこう。

　できるだけ多く書いたならば、その中で10項目にまとめ、図表86に落とし込んでいく。その際にはあなたが目指している店舗が会社の基本理念、企業理念や行動方針等に沿った内容になっていることのチェックが必要だ。ここでは理想とする店舗と具体的な内容を書いていこう。

　また、達成したならば自分へのメリットを考えよう。もし理想の店舗になったならばあなた自身はどう変わるか、スタッフや社員にどのようなメリットがあるか、あなたの家族や友人にはどういうメリットがあるかを書いてみよう。人はメリットが感じられなければ動きにくいし、継続しにくい。ここでは理想の店舗と達成された時のメリットを明確にする。

【ステップ２：理想的な店舗にするための課題を出す】
　理想の店舗にするために課題となることを書き出してみよう（図表87）。人が足りない、人のトレーニング不足、自分の時間がない……など、課題となることを全て書き出す。書き出したならば次にその中で他人ごとにしている項目はないかチェックする。

Ⅳ　実力店長の思考と行動

図表86　理想とする店舗は？

	理想とする店舗は	具体的には
（例）	社員が長期休暇をとる	2週間以上とる
1		
2		
3		
4		
5		
6		
7		
8		
9		
10		

※上記の項目は会社の経営理念や行動指針等に沿っているか確認しよう！
　沿っていないものは変えること。

項　目	理想数値
売上（前年比、または予算比％）	
売上原価（売上比率％）	
人件費（売上比率％）	
営業利益（売上比率％）	

※理想数値も埋めてみよう！

理想店舗が実現した時のメリット

1．理想店舗が実現するとあなたにどのようなメリットがありますか？

2．理想店舗が実現するとスタッフにどのようなメリットがありますか？

3．理想店舗が実現するとあなたの家族や友人にどのようなメリットがありますか？

※考えられるメリットを書き出してください。
　メリットがあるほど達成しやすくなります。

図表87　ディスカウント（値引）

> **ディスカウント（値引）**
>
> 自分が行動すれば解決する可能性があるのに人のせいや何かのせいにして自分で問題解決をすることを妨げるものが「ディスカウント（値引）」です。
>
> 「ディスカウント（値引）」は言葉によく表れます
>
> 例
> ■忙しいのでできません。
> 　……忙しくしているのは自分自身です。
> ■土曜日・日曜日も仕事があり、それはムリです。
> 　……土日に仕事を入れているのは自分自身です。
> ■人が足らないので難しいです。
> 　……人を集めようとしていないのは自分自身です。
>
> ※大切なのは「自分がどう行動したら良いだろうか？」を考えることです。

　実は理想の店舗を目指すにあたり一番の問題はあなた自身である。「できない」「ムリだ」「むずかしい」という言葉を思い浮かべたり、言葉にしたりする時にはすでに理想の店舗は遠ざかっていく。

　問題を主体的に解決する力をもっていながら挑戦もしないことを「ディスカウント（値引）」と言う（図表87）。自分を安売りしてしまうのだ。それぞれの項目の中で自分が考えれば行動すれば何とかなる項目に○をつけてみよう（図表88）。すると思いのほかに「ディスカウント（値引）」が多いことに気付くはずだ。実はこれが一番の課題である。

【ステップ3：未来に目を向ける】

　理想的な店舗にするための課題が分かったならば、原因ではなくどうすれば良いかを考える。図表88の項目を「どのようにすれば○○になるだろうか」と質問形式に変えてみよう。なぜ、そのようなことが起きるのかを考えても出てくるのは言い訳ばかりである。または、誰かのせいにしてしまうだけだ。

Ⅳ 実力店長の思考と行動

figure88 理想の店舗を達成するために課題となること

①課題	②ディスカウントしているものに○をつける		③どのようにすれば〜だろうか？		④解決法	⑤優先順位
例 パート・アルバイトの人数が足りない	○	→	どのようにすればパート・アルバイト数が足りるだろうか？	→	皆に声を掛け友人を紹介してもらう。店頭にて募集ポスターを掲示する。	
1		→		→		
2		→		→		
3		→		→		
4		→		→		
5		→		→		
6		→		→		
7		→		→		
8		→		→		
9		→		→		
10		→		→		

ここでは原因に目を向けるのではなく未来に目を向ける、つまりどうすれば前に進むのかを考えることである。

【ステップ4：具体的な方法を考える】
先ほどの質問に対して、どうすれば解決するのかを、できるできないを考えずに思いついたことや考えたことを書き出していこう（図表89）。こうすればよいのではとか、ならばこうしようといろいろなアイデアが思った以上

図表89　行動設定シート

記入日　　年　　月　　日　　記入者：				
理想の店舗実現へのステップ			理想の店舗を実現するためには何をするのか	
頻度	何を	どうする	どのようにして	どのレベルに
月の行動	スタッフを	集める	友人紹介と店頭ポスターにて	今月中に3人
月の行動				
週の行動	スタッフに	友人紹介の声をかける	休憩時間を利用して	1週間で全員に
週の行動				
日の行動	スタッフに	友人紹介の声をかける	休憩時間を利用して	3人以上に
日の行動				

※行動したならば次の行動を書いていこう。

に浮かんでくるだろう。どうしても行き詰まったならば他の人に聞いてみるのも手だ。「どうしたら」「どのようにすれば」の質問に対しては他の人からも思った以上に答えが返ってくるのだ。

【ステップ５：優先順位をつける】

具体的な解決法がでてきたならば優先順位をつけよう。今の状態で最も手の付けやすいものから１つずつ優先順位をつけていく（図表88）。全てを一度に実施してしまいたい気持ちもあるだろうが１つずつ進めることである。

【ステップ６：月間・週間・日に落としこむ】

優先順位をつけたあとは、①月間で取り組むこと、②週間で取り組むこと、③毎日取り組むことに落とし込む（図表89）。できるだけ具体的な内容で誰がみても分かりやすい内容にしよう。格好をつけた言い方では行動に移らない。できるだけ分かりやすい言葉が行動を促す。

【ステップ７：行動する】

やることを決めたならば行動あるのみ。くじけそうになったら理想の店舗のメリット欄を見返そう。自分の理想の姿を思い描いたならば再度やる気になるだろう。

大切なのは達成した時に自分にどのようなメリットがあるかを明確にし、ビジネス的にイメージすることだ。

《まとめ》

仕事をする以上は楽しくしたい。愚痴を言ったり、うっかり後ろ向きな発言をしてしまったりするのは仕事が楽しくない証拠である。例え今は厳しい労働環境であったとしても、それを解決するのは他人ではない。よく会社が悪いと聞くが会社とは誰なのだろうか。それは会社の一員である自分自身も悪いと言っているのだ。

仕事を楽しむためには未来に目を向けることである。どういう店舗を目指すのかを考え、一歩一歩進んでいくから達成感もあり楽しいのだ。ぜひ理想の店舗を考え、そこに向かって進もう！

《ポイント》

1 理想の店舗を明確にする
　今現在に目を向けるのではなく未来に目を向けよう。今現在の仕事に追われるだけでは何も解決しない。
2 達成するための行動を具体的にする
　抽象的な行動計画では行動できない。より何をするのか具体的にしていくことである。「なぜだろう」ではなく「どうすればよいだろうか」を考えることで人は前に進むのだ。
3 自分の力を信じる
　人間に、できない、ムリだ、むずかしい、はない。そう決めているのは自分の心だ。できない、ムリ、むずかしい理由を考えている暇があったら一歩前へ踏み出すこと。最初の一歩が大切なのだ！

すぐに使える簡単ツール：年間目標設定シート

目的（何のためのツールか）
　◇年間で何をしたいのかを明確にする。
メリット（使うことでどのような効果があるのか）
　◇新入社員の成長を促すことができる。
　◇コミュニケーションをとることができる。

　新入社員は日々の営業に追われてしまいがちです。それは本人の意識というよりも私達の育成の仕方にも問題があります。新入社員には常に目標をもってもらうことが必要なのです。特に、毎月の目標だけでなく年間でどうなりたいのかも目標設定することです（図表90）。

　1年後にどうなりたいのかを決めていきます。この1年後のなりたい姿はできるだけ具体的にイメージさせることです。そのためにはあなたが一緒に面談をすることです。そのなかで1年後に何ができるようになっていたいのかを決めていきます。そして、1年後のなりたい姿になるためには毎月どうしていけばいいのかを決めていきます。こうすることで毎月の目標が達成されることにより1年後の目標が達成されるという流れです。

　最初に目標を立て、毎月行うことも決めたならば、それから毎週面談をします。毎月行うことが今どのような状況になっているのか、そして今後どうすればよいのかを一緒に話し合うことです。最終的に1年後に目標を達成するのは本人の意識だけでなく、あなたの育てたいという気持ちです。

　この年間目標設定シートはツールです。このツールを生かすのは使う本人だけでなく、店長の仕事でもあるのです。

4　実力店長1年の計

図表90　年間目標シート

記入日　　年　　月　　日　　記入者：

1年後にどうなりたいのか	1年後にどうなっていたいのかをできるだけ具体的に書く。		
そのために実行すること			
	何を	どうする	どのようにして	どのレベルに

	何を	どうする	どのようにして	どのレベルに
4月の行動				
結果				
	何を	どうする	どのようにして	どのレベルに
5月の行動				
結果				
	何を	どうする	どのようにして	どのレベルに
6月の行動				
結果				
	何を	どうする	どのようにして	どのレベルに
7月の行動				
結果				
	何を	どうする	どのようにして	どのレベルに
8月の行動				
結果				
	何を	どうする	どのようにして	どのレベルに
9月の行動				
結果				
	何を	どうする	どのようにして	どのレベルに
10月の行動				
結果				
	何を	どうする	どのようにして	どのレベルに
11月の行動				
結果				
	何を	どうする	どのようにして	どのレベルに
12月の行動				
結果				
	何を	どうする	どのようにして	どのレベルに
1月の行動				
結果				
	何を	どうする	どのようにして	どのレベルに
2月の行動				
結果				
	何を	どうする	どのようにして	どのレベルに
3月の行動				
結果				

《ポイント》

1　目標は具体的にする

　　目標はできるだけ具体的にします。そして、毎月の取り組みも具体的にすることで行動がしやすくなります。行動すれば結果が出るのです。

2　コミュニケーションを密にする

　　目標を設定すればよいのではありません。結果（目標）を達成するためには周りの支援が必要です。そのためにはコミュニケーションが必要です。目標を達成するために最低でも週1回は話し合いをする場を持ち、確実に結果を出すことです。

V　チェックシート

チェックシートを記入してみよう。
　できていない箇所があったならば、それぞれの項目の街頭ページを読んでほしい。できていない箇所を順番に読んでも構わないし、気になるところから始めても構わない。

Ⅴ　チェックシート

チェックシート：出来ているものに○をつけてください。
　　　　　　　　○をひとつでも多くつけられるようにしましょう。

		項　　目	チェック	該当箇所
店長の短期育成	1	社員との仕事上のコミュニケーションをとっている。		本書 12 ～ 29 頁
	2	店長の仕事を理解している。		
	3	店長の行うべき業務（7つの項目）を理解している。		
	4	店長の行うべき業務（7つの項目）の優先順位を理解している。		
	5	部下が（自分自身が）何ができていて何ができていないかを把握している。		
	6	部下（自分自身）を計画的にトレーニングしている。		
	7	部下にトレーニング目標を持たせている。（自分自身トレーニング目標を持っている。）		
	8	部下の（自分自身の）トレーニング目標に沿って具体的なトレーニング計画を立てている。		
	9	部下の（自分自身の）トレーニング状況を常に把握している。		
	10	部下の（自分自身の）トレーニング結果を評価している。		
	11	トレーニングで目標→実行→評価の流れにしている。		
店長レベルアップ	12	目標設定の仕方を理解している。		本書 33 ～ 42 頁
	13	目標設定にメリットと考えられる障害を考慮している。		
	14	目標設定後、具体的な行動計画にまで落とし込んでいる。		
	15	毎月、目標→実行→評価の流れで取り組んでいる。		
	16	店舗の基準（当たり前におこなうこと）を明確にしている。		本書 43 ～ 52 頁
	17	店舗の基準（当たり前におこなうこと）は書面になっていて皆に伝えている。		
	18	店舗の基準（当たり前におこなうこと）に沿って店舗をチェックし改善している。		
	19	売上獲得の取り組みを行っている。		本書 53 ～ 66 頁
	20	売上獲得のために視界性改善の取り組みを行っている。		
	21	売上獲得のために購買促進の取り組みを行っている。		
	22	売上獲得のために競合店対策の取り組みを行っている。		
	23	売上獲得のために現状分析→計画の立案→実行→評価の流れをつくっている。		
	24	水光熱の管理を行っている。		本書 67 ～ 81 頁
	25	水道・電気・ガスの1ヶ月の使用量を把握している。		
	26	水光熱に関するトレーニングを行っている。		
	27	水光熱管理が仕組になっている。		
	28	安全管理の取り組みを行っている。		本書 82 ～ 100 頁
	29	店舗内で事件・事故が起こりやすい箇所を把握している。		
	30	事件・事故を未然に防ぐ取り組みを行っている。		
	31	安全管理のトレーニングを行っている。		
	32	安全管理が仕組になっている。		

店長レベルアップ	33	クレームに関する取り組みを行っている。		本書101〜121頁
	34	過去のクレーム事例を集めていて活用している。		
	35	クレームを未然に防ぐ取り組みを行っている。		
	36	クレームが起きた時の対処が誰もができるようになっている。		
	37	クレーム対応の仕方をトレーニングしている。		
	38	気配りのトレーニングを行っている。		
	39	危険予知のトレーニングを行っている。		
	40	店舗スタッフ意識向上の取り組みを行っている。		本書122〜139頁
	41	店舗スタッフと個人面談を行っている。		
	42	定期的に従業員意識調査を行っている。		
	43	店舗のどの時間帯のスタッフともコミュニケーションをとっている。		
	44	店舗のどの時間帯のスタッフのトレーニング状況を把握している。		
	45	スタッフとのミーティングを定期的に行っている。		
	46	店舗スタッフを巻き込む仕組がある。		
	47	店舗スタッフ全員がわかるようになっている。		
	48	店舗スタッフのモチベーションをアップする仕掛けがある。		
	49	店舗スタッフのトレーニング状況が把握できるようになっている。		本書140〜146頁
	50	店舗スタッフの評価時期がわかるようになっている。		
	51	店舗のトレーニング・評価に関する情報が皆に分かるようになっている。		
社員レベルアップ	52	部下にお客様の視点から気付きを促すトレーニングを行っている。		本書148〜155頁
	53	部下にお客様の視点見ることを行わせている。（自分がお客様の視点でみることを行っている。）		
	54	部下に他店舗を見ることを定期的に行わせている。（自分が定期的に他店舗を見ている。）		
	55	部下に他店舗を見た時に良い点だけを見るようにさせている。（自分は良い点を見つけるようにしている。）		
	56	他店舗を見るポイントを理解している。		
	57	部下に他社・他店舗の良い点を見つけるアンテナを張らせている。（自分は良い点を見つけるアンテナを張っている。）		
	58	気付いたことを店舗に落とし込む流れがある。		
実力店長の思考と行動	59	理想の店舗像を持っている。		本書166〜173頁
	60	理想の店舗像は具体的になっている。		
	61	理想の店舗像を店舗スタッフ全員に繰り返し伝えている。		
	62	理想の店舗するために現状とのギャップ（課題）を把握している。		
	63	理想の店舗にするためには具体的に何を行えば良いかを理解している。		
	64	理想の店舗にするために計画を立て実行している。		
	65	理想の店舗にするために行ったことに対して評価し新たな計画を立てている。		

おわりに

　シリーズの第三弾は「社員のトレーニング」をテーマにみてきた。

　社員のトレーニングではいかに早く（短期で）社員を店長（店長候補）にできるかどうかがポイントになる。短期で店長（店長候補）を育成できれば店舗・会社のレベルアップにつながり、顧客満足・生産性向上・利益獲得につながっていく。短期育成のためには社員自身の自己啓発だけでなく、周り（店長・スーパーバイザー・本部）の支援が欠かせない。

　本書では社員が読んでも店長・スーパーバイザー・本部が読んでも活用できる内容にした。また社員を短期で店長（店長候補）にするだけでなく、成果の出せる実力店長になるために必要なことも載せている。店長（店長候補）の育成とともに店長自身のレベルアップのために活用してもらいたい。

　現状を分析し、なにができているのか、なにができていないのかを把握し、そのうえでてきていないことに一つずつ取り組んでいくこと。もし、あなたが自分の部下を早く育てたいと思うならば具体的なトレーニング計画を部下とともに立て実行し評価する流れをつくって取り組んで欲しい。

　また、あなた自身が成長したいと思うならば自分のできているところできていないところを把握し一つずつ取り組んでいこう。部下の育成も自分自身の成長もその取り組みは実際に店舗運営で行う時期にあわせて進めていくことだ。例えば売上のピーク月の前に店舗レベルアップの項目を取り組み店舗のスタンダード（基準）をつくり守らせることや年末前に安全管理に取り組むなど店舗で実際に行う時期に合わせて実行すると効率的で効果的である。実際に行う時期に取り組んでもなかなか身につかない。大切なのは知識を得ることではなく、得た知識をすぐに行動に移すことである。

　社員の短期育成は難しいことではない。具体的に何をすれば良いのかを明確にし最も効果のでる時に実践していくことである。社員のトレーニングは

行わなくてもすぐに日々の業務に支障はきたさない。誰もが社員トレーニングは大切だと思いながらついつい日々の営業に流されて怠ってしまいがちだ。

　本書を読んだことをきっかけに一つずつ進めて欲しい。継続して進めることで必ず結果がでる。日々の営業に流されることなくチャレンジすることだ。一日一日の積み重ねがあとで大きな成果に結びつく。

●著者紹介

　　㈱ディー・アイ・コンサルタンツ

平成3年設立。成功の入り口である「高精度売上予測」と運営の要である「実力店長短期育成」を両輪としてコンサルティング活動を開始。これまでに数多くの大手飲食・小売・サービス業のチェーンに対する売上予測システム構築、売上予測調査、実力店長短期育成システム構築を行い、高い評価を得ている。

現住所：〒101-0032
　　　　東京都千代田区岩本町3-9-13
　　　　日光共同ビル3F
　TEL：03-5833-8588
　FAX：03-5833-8589
　http://www.di-c.co.jp

2010年9月29日　第1刷発行

誰もが認める実力店長シリーズ③
社員トレーニング編

編著者　Ⓒ　ディー・アイ・コンサルタンツ
発行者　　　脇　坂　康　弘

発行所　株式会社　同　友　館

東京都文京区本郷6-16-2
郵便番号113-0033
TEL 03 (3813) 3966
FAX 03 (3818) 2774
www.doyukan.co.jp

乱丁・落丁はお取り替えいたします　●印刷／三美印刷　●製本／松村製本所
ISBN 978-4-496-04563-9　　　　　　　　　　　　　　Printed in Japan

本書の内容を無断で複製(コピー)、引用することは特定の場合を除き、著作者・出版社の権利侵害となります。